世界货币史丛书（第一辑）　　　　石俊志◎主编

莫卧儿帝国
货币简史

石贺然

著

经济管理出版社
ECONOMY & MANAGEMENT PUBLISHING HOUSE

图书在版编目（CIP）数据

莫卧儿帝国货币简史 / 石贺然著 . —北京：经济管理出版社，2023.10
ISBN 978-7-5096-9376-6

Ⅰ. ①莫⋯　Ⅱ. ①石⋯　Ⅲ. ①莫卧儿帝国（1526—1857）—货币史　Ⅳ. ① F823.519

中国国家版本馆 CIP 数据核字（2023）第 205528 号

组稿编辑：王光艳
责任编辑：魏晨红
责任印制：黄章平

出版发行：经济管理出版社
　　　　　（北京市海淀区北蜂窝 8 号中雅大厦 A 座 11 层　100038）
网　　址：www.E-mp.com.cn
电　　话：（010）51915602
印　　刷：北京市海淀区唐家岭福利印刷厂
经　　销：新华书店
开　　本：880mm×1230mm / 32
印　　张：6.75
字　　数：158 千字
版　　次：2024 年 6 月第 1 版　2024 年 6 月第 1 次印刷
书　　号：ISBN 978-7-5096-9376-6
定　　价：68.00 元

世界货币史丛书
编委会

总　序

理论来源于实践。

货币学理论来源于已经发生的千千万万的货币活动实践，而这些货币活动实践被记载在历史文献中，又被出土的相关文物所证实。

人们从浩瀚的历史信息中寻找货币的起源、发展、演变的普遍性规律，从而产生了货币理论。

货币理论不能依赖一个国家、一个时期的货币实践，而是应该从更为广阔的视角来寻找、分析和总结。只有采用全时空的视角，横向全世界，纵向几千年，对货币的发展过程进行全方位的观察和研究，才能发现其中的普遍性规律，得出科学、准确的结论。

关于货币的这种广视角、全方位的研究学科，便是世界货币史。

为了推动世界货币史学科的发展，获得世界各国货币起源、发展、演变的相关知识，我们邀请了一批国内金融学、法学、历史学和外国语的专家学者，经过认真广泛的调查收集，筛选了一批外国货币史著作，并将其翻译成中文，汇编成"外国货币史译丛"出版，介绍给国内读者。

基于"外国货币史译丛"中的史料知识，通过对世界各国货币史的研究，结合世界各国出土的古代货币实物，以及世界各国货币发展、演变的历史背景，我们针对一些古代国家的货币史以及世界货币史的一些专题，开始撰写一批专著，以"世界货币史丛书"的名目陆续出版。

我们相信，"世界货币史丛书"的出版，对于我国货币理论的研究，以及我国关于世界各国历史、政治、经济和文化的研究，有一定的参考价值。

石俊志

2022 年 10 月 28 日

目　录

第一章

莫卧儿帝国
历史概况

莫卧儿帝国（Mughal Empire，公元 1526~1857 年）自称是帖木儿帝国的延续。

公元 1507 年，中亚河中地区的帖木儿帝国被自称成吉思汗长子术赤后裔的穆罕默德·昔班尼率领的乌兹别克人覆灭。帖木儿帝国的王子巴布尔率领军队南下进入印度北部地区，攻占了德里苏丹国，由此创建了莫卧儿帝国。

莫卧儿帝国的历史，要从帖木儿帝国讲起。

第一节

嗜血的帖木儿帝国

帖木儿帝国（公元 1370~1507 年）是中亚河中地区蒙古贵族帖木儿（Timur，公元 1336~1405 年）于公元 1370 年建立的帝国，首都设在撒马尔罕，后迁至赫拉特（Herat，又译作"哈烈""黑拉特"）。

公元 1405 年，帖木儿去世时，帖木儿帝国的人口达到了2850 万，其疆域以中亚河中地区为核心，东至印度北部的德里，西至叙利亚的大马士革，北至黑海，南至波斯湾，占地 460 万平方千米，属于当时的世界大国。

中亚河中地区是指中亚锡尔河和阿姆河流域及泽拉夫尚河流

域，包括今天的乌兹别克斯坦全境和哈萨克斯坦西南部，是古代
突厥人世代繁衍生息的地方。锡尔河和阿姆河向北注入咸海，为
中亚河中地区提供了丰富的淡水资源。

中国古代称这个地区为"河中"，近代称之为"河中地区"，
现代称之为"中亚河中地区"。古代欧亚主要陆路商道——丝绸
之路就贯穿这个地区。自公元前 6 世纪起，该地区先后被希腊、
突厥、阿拉伯帝国、萨曼王朝、喀喇汗王朝、西辽、察合台汗国、
帖木儿帝国等相继统治。

帖木儿去世后，他的子孙争夺王位，帝国逐步衰败。公元
1507 年，自称成吉思汗长子术赤后裔的穆罕默德·昔班尼率军
击败了帖木儿后代的军队，建立了乌兹别克汗国。帖木儿帝国的
王子巴布尔逃往印度北部，在那里建立了莫卧儿帝国。

一、帖木儿帝国的建立

在突厥语和蒙古语中，帖木儿这个名字都是"铁"的意思。
西方人称帖木儿帝国的创始人为"跛子帖木儿"（Timur Lame），
原因是他在战争中腿部伤残，是个跛子。

公元 1336 年，帖木儿出生在察合台汗国（公元 1222~1683
年）。公元 1347 年，察合台汗国分裂为西察合台汗国（公元
1347~1369 年）和东察合台汗国（公元 1348~1683 年）。帖木儿少
年时成长在西察合台汗国，位于今天的乌兹别克斯坦，即上述中
亚河中地区。

察合台汗国是成吉思汗次子察合台建立的汗国。帖木儿生长
在察合台汗国，当然是蒙古汗王的臣民。帖木儿家族所在的巴鲁

刺斯部，属于蒙古部族，追随孛儿只斤家族入侵中亚河中地区，成为当地重要的部族。经历了 100 多年与突厥人的混居，巴鲁剌斯部已基本突厥化。所以，大多数学者认为帖木儿是突厥化的蒙古人。后世人们所知的帖木儿大帝的传奇故事，多是根据其自传《胜利书》和《帖木儿自传》所述。从其家世来看，自帖木儿父亲这一辈起，帖木儿家族的势力就已经相当强大，开始与察合台汗国的王族通婚。察合台汗国的王族是成吉思汗的子孙，除了蒙古贵族，当地土著是没有资格与王族通婚的。

公元 1347 年，察合台汗国的汗王哈赞被巴鲁剌斯部的合扎罕杀害。合扎罕控制了汗国西部，立窝阔台后裔答失蛮察为汗王，由此建立了西察合台汗国。

答失蛮察只做了两年汗王。公元 1349 年，合扎罕杀了答失蛮察，立察合台汗国第 10 位汗王笃哇（或都哇）之孙拜延忽里为汗王。合扎罕死后，其子乌巴都剌杀死拜延忽里，立察合台汗国第 20 位汗王也孙帖木儿之子铁穆耳沙为汗王。

公元 1348 年，东部（今中国南疆地区）都格拉特部的贵族卜剌只宣布秃勿鲁·帖木儿是察合台汗国第 13 位汗王也先不花之子，将其立为汗王，建立了东察合台汗国。东察合台汗国的首任汗王秃勿鲁·帖木儿，在札马剌丁长老的说服下，信奉了伊斯兰教。公元 1360 年以后，他曾两度率领大军入侵中亚河中地区，打败乌巴都剌，占领西察合台汗国，并留其子也里牙思火者驻兵其地，使东察合台汗国与西察合台汗国得到了短暂的统一。

公元 1362 年，秃勿鲁·帖木儿去世。这时，乌巴都剌之侄迷里忽辛（又译作侯赛因）与巴鲁剌斯部贵族帖木儿将也里牙思火者的军队逐出了中亚河中地区，立察合台汗国第22位汗王麻哈没的之子阿的勒算端为汗王。此后，帖木儿的势力得到迅速发展。帖木儿击败了自己的同盟迷里忽辛，废杀阿的勒算端，立察合台汗国第15位汗王燕只吉台之子合不勒沙为汗王，并陆续兼并各部诸侯，自称苏丹，不断向外扩张。公元1369年，合不勒沙去世，西察合台汗国正式灭亡。公元1370年，帖木儿自称埃米尔，帖木儿帝国正式建立。

二、帝国版图迅速扩张

在建立帖木儿帝国的过程中，周围所有强大的帝国无一能够与之对抗。经过30多年的征战，帖木儿建立了一个领土庞大的帝国。

自公元1380年开始，帖木儿帝国先后夺取了伊朗和阿富汗，进而攻占两河流域；公元1388年征服花剌子模；公元1389~1395年，多次进攻钦察汗国（又译作金帐汗国），毁其首都萨莱·伯克尔等城市，统治了亚美尼亚和南高加索地区；公元1398年，进攻印度北部的德里苏丹国的图格鲁克王朝首都德里，屠杀战俘约10万人；公元1400年，帖木儿率兵进攻叙利亚，叙利亚苏丹法赖吉亲自率兵抵抗也无济于事，叙利亚的全部领土被占领，名城大马士革被焚毁。

帖木儿意图将分封的蒙古各汗国统一起来，为此北上攻打钦察汗国。不料，撒马尔罕爆发了异族的叛乱，帖木儿只好撤兵。帖木儿意识到蒙古各汗国对他的威胁没有其他异族大，因此他便掉转矛头把叛乱镇压下去，撒马尔罕又遭受了一次大规模的屠杀。

此后，在进攻印度时，他保持了屠杀的政策。打下德里时，和以前的蒙古军队一样，他的军队所到之处尽皆屠城。在腥风血雨之中，帖木儿帝国的版图得到了迅速扩张。

三、安卡拉城外的恶战

公元 1368 年，中国发生巨变，朱元璋推翻元朝，赶走蒙古人，建立了明朝，要求西亚的帖木儿帝国称臣进贡。帖木儿一开始没有理会。公元 1388 年，帖木儿开始遣使向明朝进贡。虽然在官方信件中自称"臣"，但是帖木儿想的并不是奉明朝为宗主，而是通过使节了解明朝的情况和国力。公元 1396 年，帖木儿撕下脸皮，将明朝使节扣押。公元 1398 年，帖木儿攻打印度，占领了印度北部的一些地区。公元 1399 年，帖木儿开始远征小亚细亚。他决定先把背后的奥斯曼土耳其帝国击败，然后腾出手来进攻中国的明朝。

公元 1402 年春，帖木儿的军队开始进攻奥斯曼土耳其帝国，连下数城，兵锋直逼奥斯曼土耳其帝国的首都安卡拉。此时，奥斯曼土耳其帝国的军事力量正处于上升阶段，在西部前线已经把拜占庭帝国逼到山穷水尽的地步。帖木儿进攻这样强大的对手，是冒着一定风险的。他率领的军队有 15 万人左右，包括火枪手和战象部队，最主要的突击力量是骑兵。奥斯曼土耳其帝国的苏丹巴耶塞特绰号"闪电"，从名头上看，绝非等闲之辈。巴耶塞特率领的军队有 7 万人左右，在安卡拉郊外的林地设防，为的是削弱帖木儿骑兵的突击力量。

公元 1402 年 7 月 28 日，大战正式开始。帖木儿看到巴耶塞特的军队占了地利，虽然自己兵力占优，却无把握直接冲进那个"口袋"。于是，他决定绕开巴耶塞特军队的防线，从南方攻打安卡拉城，把巴耶塞特的军队诱到平原上决战。帖木儿的举动让巴耶塞特大吃一惊，立刻拔营驰援安卡拉城。这时帖木儿停止了攻打安卡拉城，稍作后退，设立防线等待巴耶塞特主力部队的到来。

巴耶塞特的军队经过强行军后赶到安卡拉城外，来不及休整，便仓促投入战斗，将约7万人马全部集中于中央，向帖木儿军队发动进攻。帖木儿军队两翼重骑兵冲击巴耶塞特军队的侧翼，将其左翼击溃。一时间战场上铁骑飞舞，战声如雷，双方火器发射的烟雾笼罩天空，两国同样以骑兵见长的军队，在各自君主的亲自指挥下浴血奋战。

面对由帖木儿指挥的不断拥上来的铁骑，守卫巴耶塞特军队右翼的鞑靼雇佣军近2万人突然叛变倒戈。随后，安纳托利亚部队和部分巴耶塞特亲卫队近2万人叛变。地利已失，一下子又少了近4万士兵，巴耶塞特军队要凭3万人抵挡帖木儿10多万人的进攻，完全没有可能。于是，巴耶塞特军队士气大跌，战线崩溃，最终巴耶塞特被俘。安卡拉战役后，奥斯曼土耳其帝国一蹶不振，拜占庭帝国却躲过了奥斯曼土耳其帝国军队的进攻，此后又苟延残喘了50多年。

在与奥斯曼土耳其帝国军队的战斗中，帖木儿获得大胜，觉得目的已经达到。但是，帖木儿并没有乘胜追击，把奥斯曼土耳其帝国灭掉，而是把小亚细亚分给了巴耶塞特的四个儿子。

帖木儿在安卡拉战役大败奥斯曼土耳其帝国，俘其苏丹巴耶塞特一世，使帖木儿帝国成为从帕米尔高原到小亚细亚、阿拉伯半岛的大帝国。他击败了当时如日中天、正处于扩张中的奥斯曼土耳其帝国，间接地保存了基督宗教文化与整个欧洲。他从小亚细亚带回的艺术家、工匠和学者，给撒马尔罕留下了无数无价的传世建筑，使该地在其孙兀鲁伯的经营下，成为中亚伊斯兰文化的中心。

公元 1404 年春夏之际，帖木儿率领军队返回撒马尔罕。他没忘记，更重要的战争目标是中国的明朝。当他在撒马尔罕见到被扣押多年的明朝使节时，在各国使节面前指着明朝使节大喊：

"你们的猪可汗叛父害侄，是一个大混蛋！我要去讨伐他！"

显然，帖木儿懂一些中文，他知道汉语里的"朱"就是"猪"的谐音，所以才称呼明成祖朱棣为"猪可汗"。

四、帝国在战斗中灭亡

帖木儿帝国就像一个浴血的战士，在战斗中成长，在战斗中灭亡。

在打败了奥斯曼土耳其帝国后，帖木儿动员了号称 130 万人的庞大军队，准备攻打中国的明朝。

公元 1404 年 11 月，帖木儿的大军开始东征。这时候，明朝燕王朱棣刚刚打败他的侄子建文帝，夺取了帝位，内乱尚未平息。然而，帖木儿的运气不好。公元 1405 年 2 月，帖木儿在东征行军途中病亡，帖木儿帝国的东征行动就此偃旗息鼓。

帖木儿在世时曾将领土分给子孙，并指定其长孙——帖木儿长子只罕杰儿的儿子皮儿·马黑麻为嗣君。帖木儿去世后，其子孙立刻开始了争夺王位的战争。因为皮儿·马黑麻远在阿富汗，帖木儿的另一个孙子哈里勒便占据撒马尔罕自立为汗王。皮儿·马黑麻率军回来争夺王位，被哈里勒打败退回阿富汗，被部下杀害。帖木儿的第 4 个儿子沙哈鲁以给皮儿·马黑麻报仇为借口进军河中，取得了胜利。帖木儿帝国的全部领土，除西波斯外，全部被沙哈鲁占据。不久，西波斯帖木儿子孙的政权被土库曼的黑羊王朝消灭，其领土落入据有亚美尼亚和阿塞拜疆的黑羊王朝和据有迪亚巴克尔和阿塞拜疆的白羊王朝手里。

沙哈鲁命其长子兀鲁伯驻扎撒马尔罕镇守河中，自己则以赫拉特为首府。沙哈鲁当政时，伊朗、中亚同中国明朝之间，贡使往来连年不断，官私贸易十分活跃。沙哈鲁死后，帖木儿帝国大乱。在争夺王位的战争中，兀鲁伯被自己的儿子阿卜拉·拉迪卜杀死，而阿卜拉·拉迪卜被兀鲁伯的亲信杀死。中亚河中地区的政权最后落在了帖木儿的第三个儿子米兰沙之孙卜撒因手中。而呼罗珊地区（今伊朗东北部）则被帖木儿的第三个儿子米兰沙的后代速檀·胡先·拜卡尔占据。沙哈鲁王朝的领土被一分为二。

公元 1451 年，帖木儿的第三个儿子米兰沙之孙阿布·赛义德重新统一了帖木儿帝国。他击败了强敌东察合台汗国，随后与盟友黑羊王朝的统治者贾汉·沙赫达成了瓜分伊朗的协议。公元 1466 年，贾汉·沙赫派黑羊王朝的军队入侵乌宗·哈桑统治的白羊王朝，被白羊王朝的军队击败。应贾汉·沙赫的要求，阿布·赛义德的军队也加入黑羊王朝一方参与战斗。最终，贾汉·沙赫与阿布·赛义德相继被乌宗·哈桑击败。公元 1469 年，阿布·赛义德被俘后被乌宗·哈桑处死了。阿布·赛义德死后，帖木儿帝国分崩离析，主要分为五部分：①海塞因·米尔扎统治下的呼罗珊；②艾哈迈德统治下的布哈拉、撒马尔罕、希萨尔；③乌马尔·米尔扎统治下的费尔干纳；④马哈茂德统治下的巴尔哈；⑤米尔扎·乌鲁哈统治下的喀布尔等。

公元1494年，自称成吉思汗长子术赤后裔的穆罕默德·昔班尼率领乌兹别克人侵入中亚河中地区。公元1500年，穆罕默德·昔班尼攻占了布哈拉和撒马尔罕，建立了布哈拉汗国。公元1501年，穆罕默德·昔班尼征服了中亚河中地区，阿布·赛义德的孙子巴布尔逃到了喀布尔。公元1507年，昔班尼征服呼罗珊，帖木儿帝国灭亡。

帖木儿帝国自公元1370年创建，至公元1507年被消灭，总计存续了137年。经历了137年对外战争和对内战争的腥风血雨，帖木儿帝国终于降下了帷幕。

阿布·赛义德汗王的孙子巴布尔在喀布尔的抵抗中遭到了失败，不得已逃往印度。公元1526年，巴布尔攻占了印度北部的德里苏丹国，在那里建立了莫卧儿帝国。

第二节

巴布尔攻占德里苏丹国

公元12世纪末，印度北部的德里一带被阿富汗的突厥人占领，成为阿富汗古尔王朝的属地。公元13世纪初，古尔王朝派驻德里的总督库特布丁宣告独立，建立了德里苏丹国。在此后的320年里，共有5个伊斯兰苏丹国相继在德里实行统治，统称德里苏丹国。

帖木儿的六世孙巴布尔无力抵抗北方强敌昔班尼的攻打，被迫向南发展，与德里苏丹国的军队进行决战，打败了德里苏丹国的最后一个国王易卜拉欣，建立了莫卧儿帝国，成为印度北部的皇帝。

一、印度北部的德里苏丹国

"Delhi"（德里）一词的来源众说纷纭，多数人认为曾有一位名叫"Dhillu"的人统治过这一地区。有些历史学家认为，"Delhi"是"dehali"的传讹。"dehali"这个词在印度斯坦语中的意思是"起点"或"开端"。

戒日王朝（公元612~647年）覆灭之后，印度次大陆长期处于混乱的割据状态。在此前后，大量阿拉伯商人涌入印度北部。公元8世纪，阿拉伯军队横扫此地。3个世纪后，皈依伊斯兰教的突厥人成为这一地区的主人。

公元12世纪末，印度恒河流域被阿富汗的突厥人占领。公元1202年，孟加拉被突厥人占领。

公元1206年，阿富汗古尔王朝的最后一任国王穆罕默德·古尔遇刺身亡。在古尔王朝统治下，出身突厥奴隶的德里总督库特布丁宣告独立，建立了德里苏丹国。由于他出身奴隶，他建立的这个王朝被称为"奴隶王朝"（公元1206~1290年）。

公元1290年，奴隶王朝的将领贾拉勒·乌德·丁·菲鲁兹·卡尔吉发动政变，建立了卡尔吉王朝（公元 1290~1320 年），奴隶王朝由此灭亡。

卡尔吉王朝是德里苏丹国的第二个王朝，也是其中最强盛的王朝，其王族仍是阿富汗的突厥人。卡尔吉的儿子阿拉乌德丁（公元 1296~1316 年在位）能征惯战，在基利战役中，他击退了蒙古察合台汗国的入侵。公元 1320 年，卡尔吉王朝的最后一任国王苏丹被刺杀，卡尔吉王朝灭亡。

德里苏丹国第三个王朝是图格鲁克王朝（公元 1320~1413 年），其创建者是加兹·图格鲁克。图格鲁克王朝 4 次派大军远征南印度，领土扩大到科佛里河以南，行省增加到 23 个，使德里苏丹国一度达到极盛时期。

公元 1414 年，帖木儿帝国旁遮普总督黑兹尔攻占了德里，建立了赛义德王朝（公元 1414~1451 年），成为德里苏丹国的第 4 个王朝。

公元 1451 年，信德总督巴赫鲁勒·洛迪攻占德里，建立了洛迪王朝（公元 1451~1526 年），成为德里苏丹国的第 5 个王朝。

公元 1526 年，帖木儿帝国的王子巴布尔来了，德里苏丹国的末日到了。

二、猛虎王子巴布尔

巴布尔（公元 1483~1530 年）是帖木儿的六世孙。在古波斯语中，巴布尔这个名字的意思是"老虎"。

巴布尔的爷爷阿布·赛义德是帖木儿帝国的汗王。阿布·赛义德的爷爷是帖木儿的第三个儿子米兰沙。巴布尔的外祖父羽奴思是东察合台汗国的国王。羽奴思是察合台的第 11 代孙，成吉思汗的第 12 代孙。

公元 1451 年，帖木儿帝国处于诸侯割据状态，阿布·赛义德以武力重新统一了帖木儿帝国。公元 1469 年，阿布·赛义德兵败，被白羊王朝的国王乌宗·哈桑处死。

费尔干纳在乌兹别克斯坦的东方，阿富汗的北方。古代中国汉武帝的时候，这里是大宛国的地界，出产汗血宝马。到了帖木儿帝国的时候，费尔干纳是帖木儿帝国的一个藩国。

帖木儿帝国灭亡前夕，东察合台汗国国王羽奴思的二女儿，名叫库特鲁克·尼格尔·汗尼木，嫁给了帖木儿帝国汗王阿布·赛义德的儿子乌马尔·米尔扎。在羽奴思的支持下，乌马尔·米尔扎占据费尔干纳，成为费尔干纳的国王。

巴布尔是乌马儿·米尔扎和库特鲁克·尼格尔·汗尼木的儿子，继承了帖木儿和成吉思汗两位大帝的血统。

公元 1494 年，乌马尔·米尔扎去世，11 岁的巴布尔继位费尔干纳国王。巴布尔的父亲死后，他的伯父和叔父也相继死去，帖木儿的后裔开始争夺帝国首都撒马尔罕。巴布尔立志仿效帖木儿和成吉思汗，成为一个大帝国的统治者。

公元 1497 年，巴布尔率领军队夺取了帖木儿帝国的首都撒马尔罕。但是，因为费尔干纳发生叛乱，巴布尔只好奔波在撒马尔罕与费尔干纳之间。

这时，锡尔河东北的乌兹别克人，乘帖木儿后裔因内争互相削弱之机，在自称金帐汗国国王术赤后裔的昔班尼汗（公元 1451~1510 年）的率领下，南取河中地区。巴布尔在其逼迫下无处立足，只好离开费尔干纳，经由希萨尔，南渡阿姆河，于公元1504年南下阿富汗，入驻喀布尔，在喀布尔建立了根据地。

三、建立喀布尔根据地

喀布尔（Kabul）是阿富汗的重要城市，位于东西方重要的通商要道。在信德语中，喀布尔的意思是"贸易中枢"。

公元1507年，巴布尔率领军队攻占了阿富汗的坎大哈城。

阿富汗位于费尔干纳南方，印度半岛的北方。巴布尔占据了喀布尔和坎大哈，拥有北拒突厥、蒙古，南下印度的地理优势。

不久之后，撒马尔罕的占领者昔班尼率军进攻喀布尔，巴布尔被迫向南撤退。

因为本土发生叛乱，昔班尼率领军队撤回撒马尔罕。于是，巴布尔又返回喀布尔称王。

公元1510年12月，昔班尼汗南下波斯的霍拉桑一带，准备配合兴起于亚洲西部地区的奥斯曼土耳其帝国苏丹塞利姆一世东西夹击新兴的波斯萨法维帝国。不料，昔班尼兵败阵亡。巴布尔趁机向波斯人赠送礼物，要求与波斯萨法维帝国皇帝伊斯玛仪一世的红头军结盟，以利于恢复他在中亚的势力。波斯人同意了他的要求，并将被昔班尼汗霸占的妹妹归还给他，巴布尔十分感激。借助波斯军队的援助，巴布尔于公元1511年10月收复了撒马尔罕和布哈拉。但是，由于巴布尔屈服于波斯的什叶派，得不到逊尼派的河中人民拥护，不久就被反攻的乌兹别克人打败。巴布尔再次退往喀布尔。

四、战胜洛迪国王易卜拉欣

此时，德里苏丹国在洛迪王朝统治之下，国王是易卜拉欣·洛迪。易卜拉欣是洛迪王朝的第 3 位国王，他性情暴虐，乱杀廷臣，朝廷危机四伏。

公元 1519 年，巴布尔发动第一次征服印度的战争，翌年又远征旁遮普。旁遮普总督莱特·汗·洛迪，因不满易卜拉欣的残暴和不断剥夺他的权力而归顺巴布尔。巴布尔以帖木儿帝国继承人的名义，占领旁遮普。

公元 1524 年，巴布尔通过开伯尔山口，横渡杰卢姆河和杰纳布河（均在今巴基斯坦境内），进入拉合尔。在莱特·汗·洛迪等的合作下，巴布尔率军继续向德里方向推进。

后来，因为莱特·汗·洛迪倒戈，巴布尔战败，不得不再次退回喀布尔。

公元 1525 年底，巴布尔率领一支 12000 人的军队，再次攻入印度西北部的旁遮普地区，大败洛迪守军。公元 1526 年初，巴布尔向德里进军。洛迪王朝的国王易卜拉欣亲率大军 40000 人，从德里出发迎战。公元 1526 年 4 月，两军在德里北部的帕尼帕特遭遇，发生了著名的第一次帕尼帕特战役。

战斗开始时，密集的洛迪军向巴布尔进攻，为巴布尔的火器提供了极好的射击目标。巴布尔命令两个火器专家操纵火器，用一道战车加强了防线，把洛迪的军队牵制在一道漫长的防线上。然后命令骑兵迂回到敌军侧翼，出其不意地发动攻击。受过训练的骑兵与火器的有效配合，使巴布尔获得了辉煌的胜利。洛迪王朝的国王易卜拉欣战死，德里和阿格拉随即被巴布尔占领。

公元 1526 年 4 月 27 日在大清真寺的礼拜仪式上，巴布尔宣布自己为"印度斯坦皇帝"，以德里作为新首都，结束了德里苏丹国在印度 320 年的统治，建立了莫卧儿帝国。

帕尼帕特战役是一个转折点，为巴布尔征服整个印度北部奠定了基础。公元 1527 年，巴布尔在阿格拉以西的康努亚村击溃印度诸侯联军。公元 1529 年，巴布尔在巴特纳打败比哈尔的阿富汗族首领和易卜拉欣·洛迪的嗣君，稳定了莫卧儿帝国初期的局面。

第三节
莫卧儿帝国鼎盛时期

巴布尔入驻印度北部，遭遇当地人的强烈抵抗。他的儿子胡马雍继位后，被起义的王公打败，逃往波斯。十几年后，胡马雍率领波斯军队杀回印度北部，恢复统治之后，莫卧儿帝国才逐步走向强盛。经过贾汗·吉尔、沙·贾汗和奥朗则布等几代君主的努力，莫卧儿帝国的版图终于扩张到覆盖几乎整个南亚次大陆，帝国的发展达到空前鼎盛。

一、胡马雍再造莫卧儿帝国

莫卧儿帝国的建立，并不是印度北部地区当地人的改朝换代，而是外来民族的入主。尽管前朝德里苏丹国的统治者也是外来的突厥人，莫卧儿帝国的建立，对于当地人而言只是一伙新的突厥人赶走了旧的突厥人，所以，这种变化似乎不应会激怒当地人。但是，巴布尔对印度北部建立的统治，仍然遭到当地人的强烈抵抗。于是，巴布尔采用血腥的屠杀来镇压此起彼伏的叛乱和起义。

公元 1530 年，巴布尔终于结束了浴血征战的一生，离开了这个世界，他的儿子胡马雍继位。

胡马雍继位后，继续东征西杀，各地叛乱依旧持续不断。公元 1540 年，东阿富汗的一位王公舍尔沙起兵叛乱，胡马雍率兵对其进行镇压。胡马雍的大军被舍尔沙打得全军覆没，胡马雍逃往波斯，莫卧儿帝国的统治出现中断。舍尔沙在德里建立了苏尔王朝（公元 1540~1557 年）。

这个打败了胡马雍的舍尔沙，原名叫法里德，父亲是养马人哈桑的儿子，原籍是阿富汗苏尔部落。由于全家移居白沙瓦，法里德出生在比哈尔的萨萨拉姆，早年在贾马尔汗军中服役，后来投靠比哈尔莫卧儿统治者巴哈尔汗，在军中供职。

公元 1522 年，因为作战勇敢、才干出众，法里德获得"舍尔汗"的称号。不久，他被任命为军队副统领，兼任巴哈尔汗之子的老师和保护人。巴哈尔汗死后，舍尔沙成为比哈尔的实际统治者。公元 1539 年初，舍尔沙率领军队征服孟加拉和罗赫达斯堡，后来又在乔萨击败莫卧儿帝国皇帝胡马雍的军事进攻。

公元 1540 年舍尔沙在德里建立苏丹王朝后进行了一系列改革，其中包括创建卢比银币制度。

舍尔沙以伊斯兰教逊尼派的虔信者和保卫者自诩，严格履行宗教功课，尊重伊斯兰学者和诗人，修葺和扩建了各地著名的清真寺和苏菲派谢赫的陵墓。舍尔沙的改革经验为以后莫卧儿帝国阿克巴的体制改革准备了范式。史学家称他是"驱逐莫卧儿入侵者，领导印度穆斯林复兴运动的领袖"。公元1545年5月，舍尔沙在对拉杰普特人的征战中阵亡。

胡马雍逃到波斯后，在波斯宫廷中住了十几年。舍尔沙去世后，胡马雍向波斯国王借兵，打算打回印度北部地区。波斯国王太美斯普一世答应借兵给他，条件是胡马雍改信伊斯兰教苏菲派。

胡马雍复位之后，改宗苏菲派，开始在南亚次大陆大规模地推广苏菲派，使南亚次大陆成为波斯之外的苏菲派重地。

胡马雍的运气不好，复位后几个月，他就在舍尔沙国王曾经用过的书房里从楼梯上摔了下来，重伤不治身亡。之后，他13岁的儿子阿克巴继承了王位。

二、一代雄主阿克巴

公元1556年，胡马雍意外去世，德里被阿富汗人喜穆占据。胡马雍的长子、旁遮普总督阿克巴继位莫卧儿帝国的皇帝，大臣拜拉姆辅政，印度北部的大部分地区还在苏尔王朝的统治之下。

公元1556年底，阿克巴和拜拉姆率领1万骑兵和一支弓箭射骑队到达德里北部的帕尼帕特，与喜穆的5万骑兵展开激战。这次战争被称为第二次帕尼帕特战役。结果，喜穆的军队死伤惨重，喜穆中箭被俘。

阿克巴虽然攻占了德里，但这时莫卧儿帝国的势力还仅限于德里和阿格拉两座城市，以及奥德一部分地区。辅政大臣拜拉姆专权骄横，迫害非穆斯林廷臣，遭到了群臣的反对。

公元 1560 年，阿克巴解除了拜拉姆的宰相职务，迫其赴麦加朝圣，开始逐步由自己处理行政、军事大事。

阿克巴在巩固了自己的统治地位后，便开始对周围地区进行大规模的征服。他有一句名言：

> 既为帝王，就应该时刻不忘征略，否则他的敌人就会起兵打他。[1]

这句话一直是后代莫卧儿帝国对外政策的指导思想。

当时，阿克巴面临的主要敌人是印度西部拉贾斯坦境内的拉其普特人，其用怀柔和军事征服两手政策来对付他们。阿克巴对愿意臣服于他的拉其普特人采取比较开明的政策，如免除他们的人头税、尊重印度教庙宇、废除拉其普特人把新娘送入莫卧儿帝国皇帝后宫的陋习。这种政策争取了很大一部分拉其普特人的拥护。

公元 1567 年，阿克巴攻打那些反对他的拉其普特人的要塞——齐图。莫卧儿帝国的军队用炮火猛轰城堡，攻陷齐图，守城的拉其普特士兵全部战死。阿克巴进城后，大规模屠杀平民。公元 1570 年，阿克巴攻占了另外两个拉其普特要塞，从此基本上解除了拉其普特方面的威胁。

公元 1572 年，拉贾斯坦西南方的古吉拉特王国（今印度古吉拉特邦）发生内乱，阿克巴以该地国王穆扎法尔·沙三世无

---

[1] 尚劝余：《莫卧儿帝国》，中国国际广播出版社 2014 年版，第 34 页。

能、管理混乱为借口，在该地另一派领袖伊蒂马德·汗的要求下，亲自率兵出征古吉拉特。公元 1573 年，古吉拉特归莫卧儿帝国管辖。

公元 1575 年，孟加拉王公达乌德宣布脱离莫卧儿帝国独立，阿克巴赶往孟加拉平定叛乱。

公元 1579 年，阿克巴宣布自己为"苏坦尼·阿迪尔"，拥有解决伊斯兰教一切问题的最高权力。

公元 1585~1587 年，阿克巴兼并了克什米尔。公元 1591 年，阿克巴借口平息内部纠纷，入侵信德南部。公元 1594 年，阿克巴从波斯人手中夺回坎大哈，大大巩固了印度半岛西北部的统治。阿克巴去世时，莫卧儿帝国东起布拉马普特拉河，南至戈达瓦里河，西达喀布尔，北抵克什米尔，成了一个庞大的帝国。

阿克巴是个胸怀宽广的君主，他给予不同宗教信仰的民众平等的对待。阿克巴在位期间，莫卧儿帝国的领土扩张到了原来的 3 倍。阿克巴虽是一个正统的伊斯兰教徒，但在宗教问题上却不抱成见。他废除了对非伊斯兰教徒征收的人头税，政府中任用了很多印度教徒。所以，阿克巴是首位获得本土居民信任并效忠的莫卧儿帝国的君主。

三、贾汗·吉尔和沙·贾汗

阿克巴有三个儿子，其中两个莫名其妙地死了，只剩下 1 个，名叫萨利姆。公元 1601 年，萨利姆在北方古城阿拉哈巴德叛乱，与葡萄牙人勾结，建立了与父亲对立的政权。阿克巴派兵打败了儿子的军队，与儿子和解。

公元 1605 年，阿克巴去世，萨利姆继位，称"贾汗·吉尔"。

贾汗·吉尔继位后 5 个月，他的长子胡斯劳在锡克教的支持下发动叛乱。

贾汗·吉尔亲自率兵镇压，俘获了胡斯劳。胡斯劳在监狱中被刺瞎双眼，十几年后被毒死。

支持胡斯劳叛乱的锡克教教主阿尔詹也被监禁并处死，由此造成了锡克教与莫卧儿帝国之间的仇恨。

贾汗·吉尔继位后，抢来一位美女做王后。这个美女是有丈夫和女儿的。丈夫被施加的罪名是"不服从命令并图谋反叛"，在捉捕过程中被士兵杀死，这个美女就被带到了贾汗·吉尔的宫廷。几年后，这个美女成为贾汗·吉尔的王后，称"努尔·贾汗"。努尔·贾汗是个权力欲很强的女人，对当时的朝廷政治产生了重大的影响。努尔·贾汗把自己的女儿嫁给贾汗·吉尔的第 4 个儿子沙尔亚尔，并支持沙尔亚尔成为王位的继承人。

公元 1628 年，贾汗·吉尔病死，沙尔亚尔继位。之后贾汗·吉尔的二儿子沙·贾汗率兵杀进都城。

最后，沙·贾汗胜利了，他俘获了沙尔亚尔，并将其双眼弄瞎，关进了监狱。

沙·贾汗为他的王后泰姬·玛哈尔修了一个陵墓，后人称之为"泰姬陵"。

沙·贾汗与祖上几代都不相同的事情是，祖上几代的王子都发生了叛乱，并都被父亲镇压，而沙·贾汗打破了这一规律，他的儿子也叛乱了，但他却没有打败儿子，而是被儿子囚禁起来，并且囚禁至死。

四、鼎盛时期的夕阳余晖

莫卧儿帝国的鼎盛时期，终结于沙·贾汗的儿子奥朗则布。虽然奥朗则布是个很厉害的君主，文治武功，无所不能，但无法改变莫卧儿帝国走向衰败的事实，并且一路衰败，再无回头。

沙·贾汗有四个儿子，长子舒科、次子舒贾、三子奥朗则布、四子巴赫什，分别被派往孟加拉、古吉拉特、信德和德干当总督。

公元 1657 年，沙·贾汗生病了，四个儿子为了争夺继承权，率领各自的军队展开厮杀。最后奥朗则布打败了他的兄弟们，将他的父亲囚禁；将他的大哥、四弟处死；将他的二哥赶出了印度。公元 1658 年，奥朗则布成为莫卧儿帝国的皇帝。

奥朗则布登基后，采用以招抚为主、以武力为辅的手段，分别征服了比贾普尔和高康达王国，将莫卧儿帝国的版图扩大到除最南端外的整个南亚次大陆。在英国—莫卧儿战争中，他保护了孟加拉地区的贸易权。但是，他舍弃了自阿克巴大帝以来的宗教宽容国策，对国内的非穆斯林征收人头税，并把他们从官僚机构中驱逐出去，从而激化了国内矛盾。晚期，他奔波于查特族起义、锡克教徒武装反抗，以及拉杰普特人的叛乱中。尤其是在历时 20 多年的德干战争中，奥朗则布同南方新兴的马拉塔王国作战，始终未能完全击灭马拉塔游击队，反而使国力耗尽。

公元 1707 年，奥朗则布做了大约 50 年国王后，在从德干北返的途中死于阿马德纳加尔，享年 89 岁。他留下的是一个四分五裂的并被马拉塔人、锡克人强大势力包围的莫卧儿帝国。莫卧儿帝国在他死后很快分崩离析，并逐渐走向了灭亡。

第四节
莫卧儿帝国的衰亡

奥朗则布去世时，欧洲殖民者已经大量进入印度，并且形成了相当强大的力量。葡萄牙人、荷兰人、丹麦人、法国人和英国人在印度各自占据了大量的殖民地。除了掠夺当地资源和利益，欧洲殖民者之间也展开竞争。经历了100多年的竞争，公元1858年，在击败其他殖民者并镇压当地人民起义之后，英国将莫卧儿帝国的末代皇帝巴哈杜尔·沙二世放逐，将印度纳入英国的统治，成为英属"印度帝国"。

一、活圣人奥朗则布去世

公元1707年，奥朗则布做了50年皇帝后终于去世了。在这50年里，奥朗则布一直坚守人类所有的美德。他生活朴素，不喝酒，不嗜好逸乐，不兴建宫室。因此，他被穆斯林民众尊为"活圣人"。

奥朗则布勇敢、严厉，是个虔诚的穆斯林。他禁止在宫中奏乐，遣散了宫廷的天文学家和占星术家。他努力提高人民的道德水准，颁布了一系列法规：禁止生产、贩卖和使用酒和大麻；下令舞女和娼妓要么结婚要么离国；禁止寡妇殉夫；禁止某些宗教节日烧柴捆和游行。他因杀贪图享乐的父王，杀死他的哥哥和弟弟，并严厉要求他的儿子们树立伟大理想。在他临死的时候，给儿子们写信说：

> 我赤裸裸地来到世界，而我离开这世界时却只带着我的罪过啊！我一生努力全归无效，我没有尽到我的责任来好好治理我的人民。我不知道真主将怎样处罚我，我希望真主能饶恕我。可是我所做的令我战栗。啊！做的事情已经做了，追悔何及？①

奥朗则布将帝国公平地分给他的 3 个儿子。在奥朗则布的感召下，3 个儿子都有伟大的理想准备要实现。因此，在奥朗则布死后，为了实现伟大的理想，而实现理想又需要绝对的统治权，他的 3 个儿子组织各自的军队展开血战，帝国人民从此陷入战火。然而，他的儿子们都已年老，很快就在战争中死亡。接下来，他的孙子们又组织各自力量互相厮杀，平民们也趁机各立山头，狼烟四起，战火纷飞，一个省接着一个省地摆脱了帝国的控制。在奥朗则布去世后大约 30 年内，莫卧儿帝国分裂成无数独立和半独立的封建王国。于是，外国军队的入侵就不可避免地发生了。

二、外敌来自四面八方

公元 1736 年，奥朗则布去世 29 年，波斯人攻占德里，与德里居民发生冲突。波斯人对德里进行屠城，所有男人一律处死，所有女人一律卖作奴隶。同时奥朗则布的孙子们还在相互厮杀，莫卧儿帝国的元气已经大伤，无法恢复，于是各省总督纷纷脱离了有名无实的莫卧儿帝国。

---

① 尚劝余：《莫卧儿帝国》，中国国际广播出版社 2014 年版，第 115—116 页。

外敌入侵印度主要通过两条路线：西北边界的陆路和西南方向的海路。西北陆路的敌人来自喀布尔、加兹尼和坎大哈；西南海路的敌人从欧洲乘船而来，在信德以南沿海登陆。

15世纪前，欧洲与印度之间的海路，是从地中海东岸经两河流域到波斯湾，或者由埃及经红海到波斯湾。奥斯曼土耳其帝国占领了小亚细亚和巴尔干半岛，对过往商品征收重税，迫使欧洲商人不得不寻求通往印度的新的海路，由此促发了大航海运动。大航海不仅意外地发现了美洲，同时也使欧洲列强更多地进入了印度。

15世纪末，葡萄牙人达·伽马率船抵达印度西海岸的卡利卡特港（古里），从此开启了欧洲直达印度的海上通路。这时候，帖木儿帝国刚刚建立。葡萄牙人在印度建立殖民地，形成了葡属印度区域。

16世纪，荷兰人在印度建立贸易公司。17世纪，荷兰东印度公司已经拥有100多艘商船，数万名员工，在转运贸易方面获得了丰厚的利润。18世纪，荷兰人在与英国人的斗争中失败，将势力逐步退出印度地区。

17世纪初，丹麦人成立东印度公司，在印度东南海岸建立殖民据点。公元1845年后，丹麦人将其在印度的殖民据点全部卖给了英国。

三、殖民者之间的竞争

除了葡萄牙人、荷兰人和丹麦人在印度建立殖民地，法国人和英国人也在印度建立了殖民地，并为争夺殖民利益发动了战争。

法国人进入印度较晚,公元1642年,"法国东印度公司"成立,在印度各地陆续成立"贸易站",展开殖民统治。科罗曼德尔海岸、马拉巴海岸及孟加拉海湾附近的许多区域,都成为法国人的殖民地。法国人从海岸向印度内地扩展,而被法国人所控制的印度地域,总称"法属印度"。

早在公元1600年,英国就开始在印度建立"东印度公司",开展殖民活动。印度的封建王公纷纷成为东印度公司的下属,他们拥有的雇佣兵军团就成为东印度公司的武装力量。

法国殖民者在印度的扩张,与英国势力发生冲突,逐渐发展成英法在印度的局部战争。经过公元1756~1763年的英法"七年战争",英国驱逐了法国在印度的势力。拿破仑时期,法国与英国在印度的争夺上略有主动。公元1812年,拿破仑兵败俄国之后,法国在印度对英国的战争中出现颓势,最终将其在印度的地盘割让给了其他有实力的国家。

四、莫卧儿帝国寿终正寝

公元1849年,英国吞并旁遮普。此时,南亚次大陆上已经没有权威的国家组织,莫卧儿帝国徒有虚名,宗教、民族、种姓、地区等的对立,使英国侵略者能够利用起来各个击破,分而治之。

公元1857年5月,为了反对英国殖民者,印度人民的反英起义爆发。起义者拥立早已名存实亡的莫卧儿帝国末代皇帝巴哈杜尔·沙二世为印度皇帝。9月,英军殖民者攻入起义的重要中心德里城,起义军撤退,德里失陷,巴哈杜尔·沙二世被英军俘虏,莫卧儿帝国终于落下了帷幕。

第二章

莫卧儿货币的
几个源头

帖木儿帝国（公元 1370~1507 年）的王子巴布尔攻占德里苏丹国（公元 1206~1526 年），建立了莫卧儿帝国。首先，巴布尔试图将帖木儿帝国的货币制度引入印度北部地区，而帖木儿帝国的货币制度源于阿拉伯帝国（公元 623~1258 年）的货币制度。其次，莫卧儿帝国初期流通的货币是德里苏丹国的货币，而德里苏丹国的货币制度源于印度沙希王朝（公元 850~1026 年）的货币制度。因此，本书认为，莫卧儿货币的几个源头是阿拉伯帝国货币制度、帖木儿帝国货币制度、印度沙希王朝货币制度和德里苏丹国货币制度。

第一节
阿拉伯帝国的货币制度

莫卧儿帝国是帖木儿帝国的延续，而帖木儿帝国的货币制度则源于阿拉伯帝国的货币制度。所以，阿拉伯帝国货币制度是莫卧儿货币的一个源头。

阿拉伯帝国曾经统治西亚和中亚的广袤地区。阿拉伯帝国的货币制度对这个地区后世各王朝的货币制度有着深远的影响。阿拉伯帝国的货币制度由帖木儿帝国后裔南下带入印度北部地区，进而影响到整个南亚次大陆。

阿拉伯帝国的货币体系，以倭马亚王朝为典型，主要由 1 米思考重量（4.24 克）的第纳尔金币和 0.7 米思考重量（2.97 克）的狄尔汗银币构成。

一、倭马亚王朝

阿拉伯帝国经历了三个时期：四大哈里发时期（公元 632~661 年）、倭马亚王朝时期（公元 661~750 年）和阿拔斯王朝时期（公元 750~1258 年）。

阿拉伯帝国的前身是公元 622 年伊斯兰教先知穆罕默德在麦地那建立的伊斯兰教国家政权。

公元 632 年，穆罕默德去世，随即爆发了"哈里发"继承人之争。哈里发是阿拉伯文音译，意思是代理人、继承人。穆罕默德之后，有 4 位哈里发相继成为他的继承人，这一时期被称为"四大哈里发时期"。

公元 651 年，作为世界大国的萨珊帝国在阿拉伯帝国的打击下，终于落下了帷幕。公元 661 年，阿拉伯帝国叙利亚总督穆阿维叶打败了哈里发阿里，自立为哈里发，建立了倭马亚王朝。

公元 679 年，穆阿维叶宣布其子叶齐德为哈里发继承人，从而废黜了伊斯兰哈里发选举制度。阿拉伯帝国从此成为家族世袭王朝统治的封建国家。公元 750 年，倭马亚王朝人口达到了 3400 万，成为当时的世界大国，古代中国称其为"大食"。倭马亚王朝的君主称"哈里发"，治下有多个行省，行省总督称"埃米尔"，由哈里发任命，掌管全省军政大权，拥有相当大的独立性。

二、第纳尔金币

穆罕默德在位时期，阿拉伯伊斯兰教地区还没有自己的造币厂。

公元651年，在阿拉伯军队的不断攻击下，萨珊王朝灭亡。同时，阿拉伯军队攻占了拜占庭帝国的许多地区。在前萨珊王朝的领地，阿拉伯人仿照萨珊银币制造了刻印有哈里发肖像的银币；在占领的拜占庭帝国部分领地，阿拉伯人仿照拜占庭金币制造了刻印有哈里发肖像的金币。

公元696~698年，倭马亚王朝哈里发阿卜杜勒·马利克（公元685~705年在位）进行了货币改革，在占领的拜占庭帝国部分领地发行第纳尔金币取代原有的拜占庭索利多金币；在占领的前萨珊王朝领地发行狄尔汗银币取代原有的前萨珊王朝德拉克马（drachma）银币。

倭马亚王朝在其占领的拜占庭帝国部分领地发行金币，没有采用拜占庭帝国金币的名称"索利多"，而是采用前萨珊王朝金币的名称"第纳尔"（dinar）。倭马亚王朝金币第纳尔的法定重量，也没有采用拜占庭帝国索利多金币的法定重量4.54克（1/72罗马磅），而是采用了公元前4世纪亚历山大制定的德拉克马重量标准4.24克。

倭马亚王朝第纳尔金币的前身是萨珊王朝的第纳尔金币。但是，阿卜杜勒·马利克货币改革大幅度减低了第纳尔金币的重量标准。萨珊王朝第纳尔金币的重量标准，继承了贵霜王朝金币的重量标准，理论重量为1/40罗马磅，即8.175克，初期平均重量为 7.93 克。公元 3 世纪初,萨珊王朝攻占了贵霜王朝的大面积领土,继承了贵霜王朝的第纳尔金币制度。直到萨珊王朝被奥斯曼哈里发的军队攻灭之前,萨珊王朝第纳尔金币的重量仍在 7 克以上。

倭马亚王朝将第纳尔金币的重量标准降至 4.24 克,对后世产生了深远的影响。

三、狄尔汗银币

阿拉伯帝国的主要货币是狄尔汗(dirham)银币。"狄尔汗"是古阿拉伯语对古希腊德拉克马的称谓。公元 750 年,倭马亚王朝的领土达到 1340 万平方千米,成为世界上领土最大的国家。因此,狄尔汗银币流传地域甚广,影响深远。直到今天,阿拉伯联合酋长国的货币单位仍然是狄尔汗(中文译作"迪拉姆")。

倭马亚王朝的狄尔汗银币,源于中亚地区的希腊化德拉克马银币制度。古波斯地区以及中亚地区使用德拉克马银币的源头是亚历山大的入侵。公元前 4 世纪,亚历山大率领马其顿军队消灭波斯帝国,占领了西亚大部分地区,从而形成了希腊化时代的塞琉古王朝。塞琉古王朝使用德拉克马银币。公元前 3 世纪,帕提亚王朝(安息王朝)从塞琉古王朝的统治下独立了出来,但也使用德拉克马银币。公元 3 世纪,萨珊王朝取代帕提亚王朝,继续使用德拉克马银币。公元 651 年,倭马亚王朝取代了萨珊王朝,德拉克马银币被继续使用,并被古阿拉伯语称作"狄尔汗"。

倭马亚王朝攻灭萨珊王朝的时候,萨珊王朝德拉克马重量标准降到 4.15 克。

这时,倭马亚王朝狄尔汗银币却没有采用萨珊王朝德拉克

马的重量标准（4.15 克），而是采用 1/10 阿拉伯盎司的重量标准
（2.92 克）。1 枚第纳尔金币法定兑换 15 枚狄尔汗银币，钱币金
银比价为：

2.92 克 × 15 ÷ 4.15 克 =10.55

即 1 克黄金 =10.55 克白银

在这个比价条件下，制造金币的利益较小，使银币被大量制
造。因此，倭马亚王朝的主要货币是狄尔汗银币，而不是第纳尔
金币。随着倭马亚王朝的军事扩张，狄尔汗银币制度被带到了世
界各地，极大地影响了后世各国货币制度的发展与演变。

公元 750 年，阿布·阿拔斯推翻了倭马亚王朝，建立了阿拔
斯王朝（公元 750~1258 年）。阿拔斯王朝继续制造和使用狄尔汗
银币。

公元 1258 年，成吉思汗的孙子、忽必烈的弟弟旭烈兀率领
蒙古大军攻陷巴格达，杀死阿拔斯王朝的末代哈里发穆斯台绥
姆，随后建立了伊尔汗国。伊尔汗国继续制造和使用狄尔汗
银币。

四、米思考重量标准

倭马亚王朝的米思考（mithcal）重量标准，也源于亚历山大
德拉克马重量标准。

公元前 330 年，马其顿王国的国王亚历山大率领军队吞并
波斯帝国，在伊朗高原推出了一种重量为 4.24 克的德拉克马银
币重量标准。此后，这个重量标准被伊朗高原的各个王国沿袭
使用。

起初，亚历山大德拉克马的重量标准被塞琉古王朝继承，进而被帕提亚王朝和萨珊王朝继承。亚历山大德拉克马的重量标准在萨珊王朝时期发生了变化。萨珊王朝卑鲁兹执政时期（公元459~484年），4.24克德拉克马的重量标准被下调至4.15克。

到了阿拉伯帝国倭马亚王朝统治伊朗高原时期，阿拉伯人就将这个重量标准称作"米思考"。

米思考是古阿拉伯语对德拉克马重量单位的称谓，阿拉伯帝国初期米思考的重量标准为4.15克。

米思考成为阿拉伯人对德拉克马重量单位称谓的同时，第纳尔成为阿拉伯人对德拉克马重量标准的金币的称谓；狄尔汗成为阿拉伯人对德拉克马银币单位的称谓。

狄尔汗银币重量标准并不是根据米思考重量标准制定的，而是根据阿拉伯磅重量标准制定的。

1阿拉伯磅重量为350克，等于12阿拉伯盎司。1阿拉伯盎司重量为29.2克，可打制10枚狄尔汗银币，1枚狄尔汗银币的重量就是2.92克。

阿拉伯人称1/10阿拉伯盎司打制的钱币为"德拉克马"，用古阿拉伯语说就是"狄尔汗"。

起初，阿拉伯帝国米思考的重量标准是1米思考为4.15克；狄尔汗银币的重量标准大约是0.7米思考，即2.92克。

后来，阿拉伯帝国开始制造第纳尔金币，采用亚历山大德拉克马重量标准，即4.24克，并将这个标准称为米思考。从此，米思考重量标准就改为4.24克。同时，狄尔汗银币的重量从2.92克被调整到2.97克，使狄尔汗的重量进一步靠近0.7米思考的重量标准。

4.24 克 × 0.7=2.97 克

帖木儿帝国继承了阿拉伯帝国的金币制度，采用米思考重量标准制造米思考金币。

自阿拉伯帝国至帖木儿帝国（公元 661~1370 年），米思考重量标准是逐步上升的。倭马亚王朝时期，米思考重量标准是 4.24 克；帖木儿帝国时期，米思考重量标准已经上升至 4.8 克。

第二节
帖木儿帝国的货币制度

莫卧儿帝国是帖木儿帝国的延续，莫卧儿帝国初期继承和使用帖木儿帝国的货币制度。帖木儿帝国的货币体系，主要由继承阿拉伯帝国 1 米思考重量标准的第纳尔金币和 1.5 米思考重量标准的银币构成。此时，1 米思考重量已经从 4.24 克上升至 4.8 克。

一、埃米尔的第纳尔金币

公元 1370 年，帖木儿帝国建立时，帖木儿并没有自立为王，而是自称埃米尔（军事统帅或总督），同时立察合台汗国的王子为汗王。因此，帖木儿没有以自己的名义发行货币，而是以他扶持的傀儡汗王的名义发行货币。

帖木儿扶持的汗王有两位：一位是昔兀儿海迷失（公元 1370~1384 年在位）；另一位是麻哈没的算端（公元 1384~1402 年

在位）。这两位汗王在王朝君主序列里，属于西察合台汗国的后续君主，尽管他们在位的时间已经进入帖木儿帝国时期，但西察合台汗国已经不复存在了。

公元 1379 年，帖木儿以昔兀儿海迷失汗王的名义和自己作为埃米尔的名义发行了 1/4 第纳尔金币。

图 2-1 为昔兀儿海迷失和埃米尔帖木儿 1/4 第纳尔金币，公元 1379 年生产，重量为 0.9 克。

帖木儿帝国第纳尔金币的理论重量是 4.8 克，1/4 第纳尔的理论重量就是 1.2 克。帖木儿帝国的第纳

图 2-1 昔兀儿海迷失和埃米尔帖木儿 1/4 第纳尔金币

尔金币继承了阿拉伯帝国金币标准，实际平均重量低于理论重量。

"埃米尔"这个词源于古阿拉伯语，原意为"受命的人"或"掌权者"，是伊斯兰教国家对上层统治者、王公、军事长官的称号。埃米尔原本用于阿拉伯军事统帅的称谓，现在成为某些君主世袭国家元首的称谓，其译文从军事统帅角度意译为总督；从职权角度意译为国王、酋长、头人、头目、首领、长官等；从其贵族爵位角度意译为亲王、大公等。

突厥在历史上曾使用过这个头衔，中文译作"异密"。阿拉伯帝国倭马亚王朝，各地封建领主及各行省最高长官（总督）被称为埃米尔。此后，哈里发宫廷卫队总监兼都城军事长官也袭用此称号。随着阿拉伯帝国发生内乱，各地埃米尔与哈里发之间的从属关系逐渐疏远，不少地方的埃米尔最后只象征性地承认哈里发的统治权，之后埃米尔逐步取得了地区的独立军政大权，成为

当地的君王。

现代阿拉伯国家中的家族世袭国家仍沿用埃米尔这个称号，作为国家元首的称谓，集军、政、宗教大权于一身。如科威特、卡塔尔的国家元首，目前仍称为"埃米尔"。

公元1384年，帖木儿第一次以自己的名义发行了第纳尔金币。据说，帖木儿在征服波斯地区的埃米尔·瓦力时获得了大量的黄金，所以发行了金币。

图2-2为帖木儿1第纳尔金币，公元1384年生产，重量为4.29克。

图2-2 帖木儿1第纳尔金币

二、帖木儿的银币和铜币

公元1386年后，帖木儿没有发行过金币，只发行了一些银币和铜币。

在银币方面，帖木儿采用了两种新的标准，其中一种银币重量大约为7克，另一种银币重量大约为1.5克。

此时的重量单位是米思考。公元7~13世纪，中亚地区在阿拉伯帝国的统治之下。阿拉伯帝国的米思考重量标准为4.24克。到了帖木儿帝国时期，米思考的重量标准已经上升到了4.8克。

帖木儿7克重的银币，应该是1.5米思考的银币；而1.5克重的银币则是1/3米思考的银币。

4.8克 × 1.5=7.2克

4.8克 × 1/3=1.6克

在整个15世纪，货币经济不断深入发展，货币交易的重要性不断提高。在各类货币之中，尤其值得注意的是铜币。因为铜币流通呈现持币群体向贫困阶层扩大的变化趋势。金币的持币群体是少数富人，铜币的持币群体是穷人。帖木儿王朝的铜币有四种，即弗鲁斯（fulus）、阿德里（adli）、第纳尔和单罡（dangi）。在钱币铭文和地方文献中，这些名称有时单独出现，更多的情况是出现在各种组合中。

15世纪后半叶，第纳尔一词成为铜币基本面值的主要名称。并且为了区分铜第纳尔和金、银第纳尔而加上修饰词。最常用的修饰词是"fulus"（弗鲁斯），所以"dinar-i fulus"（第纳尔弗鲁斯）指的是铜第纳尔。[①]

帖木儿帝国是一个横跨欧亚的大帝国，接替阿拉伯帝国，帖木儿帝国传播的阿拉伯钱币文化，在欧亚大陆再次繁荣。帖木儿帝国之后的奥斯曼土耳其帝国和波斯的萨法维王朝、印度的莫卧儿帝国，其货币制度都受到了帖木儿帝国货币制度的直接影响。

三、沙哈鲁创建的沙鲁克希

沙鲁克希（shahrukhi）是帖木儿帝国的统治者沙哈鲁（Shah Rukh）在公元15世纪早期发行的货币。印度学者帕尔梅什瓦里·拉尔·笈多说：

沙鲁克希是由帖木儿帝国的统治者沙哈鲁在公元15世纪早

---

① ［塔吉克斯坦］M.S. 阿西莫夫：《中亚文明史（第四卷上）》，华涛译，中国对外翻译出版社2010年版，第320页。

期推出的。沙鲁克希在整个中亚地区和波斯广泛流通，同时也是河中地区昔班尼王朝统治者青睐的货币。[1]

公元 1409~1447 年，帖木儿帝国的国王是沙哈鲁（或译作沙赫·鲁赫），他是帖木儿帝国创建者帖木儿的第四个儿子。15 世纪早期，沙哈鲁发行的货币很多，流通甚广，覆盖了整个中亚地区和波斯，其影响深远，直到莫卧儿帝国初期，巴布尔、胡马雍、阿克巴都发行过沙鲁克希银币。

沙鲁克希这个名称的意思是沙哈鲁发行的货币。帕尔梅什瓦里·拉尔·笈多所讲的"统治者沙克鲁"，应该译作"统治者沙哈鲁"。

沙哈鲁当政时期，除了统一领土和平息各地叛乱，他把主要的精力放在了国内建设上，以恢复其父征战时带来的破坏。他采取措施发展农业、手工业和商业，修建灌溉工程，开辟新商道，遍设驿站，重建和新建城市，使当时的波斯和阿富汗经济繁荣。沙哈鲁采取的措施对在文化领域所谓的帖木儿文艺复兴即创建波斯文学和艺术的黄金时代，具有决定性意义。他以赫拉特为首都，将儿子兀鲁伯指命为河中长官，住在撒马尔罕。于是，赫拉特和撒马尔罕成为帖木儿帝国文艺复兴最灿烂的中心。

沙哈鲁统治时期制造的沙鲁克希质薄形宽，重约 72 格令，钱币正面是清真言和四位哈里发的名字和称号，清真言用圆圈围

---

[1] ［印］帕尔梅什瓦里·拉尔·笈多：《印度货币史》，石俊志译，法律出版社 2018 年版，第 146 页。

起来，哈里发的名字和称号印在边缘处。钱币背面是国王的名字，边缘处铸有头衔，此外还有造币厂的名称和制造日期。

1 格令 =0.0648 克

72 格令 =0.0648 克 ×72=4.67 克

公元 1396 年，帖木儿在赫拉特发行的沙鲁克希银币被人们称为轻坦卡，实际平均重量大约为 6.2 克。

四、帖木儿发行的怯别币

帖木儿还发行过一种被称为"怯别币"（kebekī）的第纳尔银币。

怯别币源于察合台汗国怯别汗（公元 1318~1326 年在位）的一次货币改革。怯别汗的货币改革旨在结束混乱，制止官员和投机者的私造。怯别汗以伊尔汗国和金帐汗国为典范进行改革，规定 1 怯别第纳尔的重量等于 2 米思考，而 1 怯别狄尔汗的重量等于 1/3 米思考。

至于货币改革，伊利汗国和金帐汗国的制度被当作典范。一"却别"（kebek）第纳尔的分量等于两"密斯哈勒"（misuqal），而一"却别"迪尔罕等于三分之一"密斯哈勒"。[①]

本书所说的米思考，在这里被译作"密斯哈勒"；本书所说的狄尔汗，在这里被译作"迪尔罕"；本书所说的怯别，在这里被译作"却别"。

---

① ［塔吉克斯坦］M.S. 阿西莫夫：《中亚文明史（第四卷上）》，华涛译，中国对外翻译出版社 2010 年版，第 201 页。

042

此时，米思考的重量标准已经上升至 4.8 克。因此，1 怯别第纳尔的理论重量为 9.6 克，而 1 怯别狄尔汗的理论重量为 1.6 克。

1 怯别第纳尔 =6 怯别狄尔汗

这个数量关系符合伊尔汗国合赞汗（公元 1295~1304 年在位）货币改革时发行的 1 怯别第纳尔 = 6 怯别狄尔汗的货币制度。这里所说的重量是理论重量，帖木儿发行的怯别第纳尔的平均重量不足 8 克，1/2 怯别第纳尔的平均重量不足 4 克。

帖木儿和帖木儿王朝的银币纯度很高。在 15 世纪许多购买契约（wathiqa）中，当需要计算时，钱币的纯度标准规定为"十分之十"（dah dahi），即含银 100%。[①]

图 2-3　帖木儿帝国昔兀儿海迷失与埃米尔帖木儿怯别第纳尔银币

图 2-3 为帖木儿帝国昔兀儿海迷失与埃米尔帖木儿怯别第纳尔银币，公元 1379 年生产，重量为 7.09 克。

第三节
印度沙希王朝的货币制度

因为莫卧儿帝国建立在德里苏丹国的领土上，所以其初期流通的货币主要是德里苏丹国的货币，而德里苏丹国的货币受到了

---

① ［塔吉克斯坦］M.S. 阿西莫夫：《中亚文明史（第四卷上）》，华涛译，中国对外翻译出版社 2010 年版，第 320 页。

印度沙希王朝货币制度的许多影响。

🪷 一、印度沙希王朝的建立

印度沙希王朝（公元850~1026年）是突厥沙希王朝（Turk Shahis）的延续，主要领土在喀布尔河流域和犍陀罗地区。印度沙希王朝的货币，主要是德拉克马银币和吉塔尔银币。

突厥沙希王朝是公元665年至公元850年统治喀布里斯坦、迦毕试、诃达罗支与犍陀罗等地（今阿富汗）的西突厥王朝，首都设在喀布尔。

6世纪中叶，突厥人自河中地区向东南方扩张，占领巴克特里亚和兴都库什等地，产生了数个独立政权，其中之一便是突厥沙希王朝。此后，阿拉伯帝国向东扩张。9世纪，突厥沙希王朝被阿拔斯王朝击败，被迫改宗伊斯兰教并向阿拔斯王朝纳贡。突厥沙希王朝原本信奉婆罗门教，改宗伊斯兰教的时间不长，就转变为印度沙希王朝。

公元850年，突厥沙希王朝的末代国王拉格图尔曼被他的一名婆罗门官员卡拉尔废黜。卡拉尔自立为王，建立了印度沙希王朝。之后沙希王朝脱离伊斯兰教，改宗印度教，所以称为印度沙希王朝。

沙希（shahi）的意思是"国王"，波斯文为"shah"（沙），贵霜文为"shao"（沙阿）。沙希王朝指的是由"沙希"作为独裁君主的国家政府。与此类似的有，由"苏丹"作为独裁君主的国家政府，称为"苏丹国"；由"国王"作为独裁君主的国家政府，称为"王国"。以此类推，由"沙希"作为独裁君主的国家政府，就称为"沙希王朝"。

公元 1026 年，在伊斯兰加兹尼王朝的打击下，印度沙希王朝走向衰败，末代国王毗摩去世，王朝灭亡。

二、德拉克马银币上的瘤牛

突厥沙希王朝的主要货币是德拉克马银币。公元 750 年，突厥沙希王朝的德拉克马银币上的图案出现了瘤牛骑像，币文为贵霜文。

瘤牛是肩上有峰的牛，在当时的西亚地区，盛产这种瘤牛。

此后，银币上的瘤牛骑像图案日益风行。这种钱币的正面是瘤牛卧像，背面是骑像，即战士骑马的形象，如图 2-4 所示。

图 2-4　吉塔尔银币上的图案

沙希王朝的主要领地位于今天的阿富汗一带。自古以来，阿富汗就以马和马术闻名于世。印度—塞克王朝后期和印度—帕提亚王朝发行的货币，都以骑像为图案。骑像图是古代阿富汗王国的标准形象。

瘤牛则是印度婆罗门宗教的基本象征。在与诃利鸡罗国（Harikela，公元 630~1000 年）大致同时代发行的古印度纹章，和尼泊尔李查维王朝（Lichhavi，公元 576~750 年）铜币中可以找到几乎相同的瘤牛卧像图案。

在印度沙希王朝，瘤牛钱币图案显然代表的是新创的印度卡拉尔婆罗门王朝。印度沙希王朝的瘤牛图案银币发行增长速度惊人，据说是印度沙希王朝发现了储藏丰富的银矿。

瘤牛骑像银币数量众多，流通地区广泛，流通时期久远。拥有这种特征的银币被后人称为"吉塔尔"（jital）。

三、吉塔尔的广泛流通

经历了印度沙希王朝（公元 850~1026 年）、印度北方小王朝（公元 1000~1200 年）、德里土王（公元 1120~1192 年）、纳瓦尔土王（公元 1223~1298 年）、加兹尼王朝（公元 977~1186 年）、赛斯坦土王（公元 1164~1222 年）、古尔王朝（公元 1163~1215 年）、花剌子模王朝（公元 1172~1224 年）、马杜赖苏丹王朝（公元 1334~1378 年）等，吉塔尔银币先后被 25 个王朝沿用。

吉塔尔的流通遍及整个中亚，流通时间超过 500 年，是人类货币史上一个重要的货币种类。尽管吉塔尔流通时间久远，种类繁多，但其基本特征——瘤牛骑像图案却始终保持一贯的风格。

吉塔尔银币源于德拉克马银币，理论重量为 4.24 克。但是，早在印度沙希王朝时期，吉塔尔的重量就降到了 3.3 克。此后，受阿拉伯帝国货币制度的影响，为了与阿拉伯狄尔汗银币接轨，吉塔尔的重量降到了 2.9 克。

4.24 克是马其顿王国亚历山大创建的亚洲德拉克马重量标准，在西亚和中亚被长期使用；2.92 克是阿拉伯帝国狄尔汗重量标准；3.426 克则是古印度达哈拉（dharana）重量标准。印度沙希王朝采用古印度达哈拉重量标准制造吉塔尔银币，在 3.426 克理论重量的基础上扣除了一定的制造成本和铸币税，结果实际平均重量为 3.3 克。

达哈拉是一个非常重要的单位，这个重量的金属特别适合制造成 1 枚钱币。有人推测，达哈拉这个名词，在古印度的意思就是"称重"，与两河流域苏美尔人的名词"舍客勒"具有相同的含义。在古印度，符合达哈拉重量标准的钱币有着不同的名称：卡夏帕那、坦卡（tanka，又译作"天罡"）、吉塔尔、帕古达等。

四、吉塔尔的白银成色

吉塔尔流通地域广泛，流通时间久远，其种类十分繁多。英国货币学家罗伯特·泰尔在《吉塔尔》一书中，将吉塔尔分为 481 种，通过对这些种类的吉塔尔进行梳理，可以看出它的发展变化过程。

吉塔尔源于德拉克马银币，应该使用白银制造。但是，早在印度沙希王朝时期，吉塔尔的成色就已经出现了大幅的下降。按照白银成色，印度沙希王朝的吉塔尔可以分为三种：白币（white），含银 69%；暗币（black），含银 8%；低银，含银 18%。

公元 1000 年前后，印度沙希王朝被伊斯兰伽色尼王朝击败，吉塔尔严重贬值，白币的成色从 69% 降至 25%。伽色尼王朝获胜后不久，就在拉合尔（今巴基斯坦境内）造币厂生产伽色尼版本的吉塔尔，钱币正面图案是瘤牛，背面是阿拉伯文字。正面的瘤牛图案是印度地区的象征，表示钱币在印度地区流通。背面的阿拉伯文字，表示钱币的发行者是穆斯林。

此时，在德里的印度王侯，开始打制劣质版的吉塔尔，钱币正面图案是瘤牛，背面图案是骑士，仍旧保持着印度教沙希王朝的传统。

在此后的两个世纪里，拉合尔和德里一直保持这两种吉塔尔的设计不变。但是，伽色尼王朝逐步将吉塔尔的价值降至铜代币的水平，而德里吉塔尔的价值依旧保持稳定，含银量保持在20%左右。

公元13世纪，古尔王朝在印度北部的势力崛起，它放松了对吉塔尔含银量的最低限制，导致吉塔尔的质量迅速下降，而不被人们接受。

为了应对这种困境，一种新的高质量银币应运而生，这种新的银币被称为"坦卡"，又被译作"天罡"。

吉塔尔的白银成色虽然出现了大幅的下降，却仍然被德里苏丹国继承。德里苏丹国初期生产和流通低银吉塔尔。

第四节
德里苏丹国的货币制度

巴布尔攻占德里苏丹国（Delhi Sultanates，公元1206~1526年），当地流通的是德里苏丹国发行的货币。巴布尔创建莫卧儿帝国初期，使用的正是德里苏丹国的货币。

德里苏丹国共存在了320年，是公元13~16世纪突厥人和阿富汗人军事贵族统治印度北部伊斯兰教区域的封建国家的统称，由于先后由5个这样的王朝在德里相继进行统治，而且这些王朝的首都始终位于德里，故而被统称为德里苏丹国。公元1526年，德里苏丹国被莫卧儿帝国取代。

一、印度的伊斯兰货币

德里苏丹国是伊斯兰王国，其源头为古尔王朝。

古尔王朝原是位于加兹尼和赫拉特之间的一个小王国。公元1186年，古尔王朝的国王希哈卜·穆罕默德入侵印度北部，占领了德里和恒河上游。古尔王朝的将军库特卜·艾伯克，原本是突厥人的奴隶，被任命为印度总督。公元1206年，由于穆罕默德死后无嗣，库特卜·艾伯克趁机在印度称王，定都德里，创建了德里苏丹国的奴隶王朝（公元1206~1290年）。

库特卜·艾伯克和他率领的古尔王朝突厥人都是虔诚的穆斯林，于是，印度北部转为伊斯兰教地区。

当时的印度本土货币至少有一面刻印图案或纹章，但随着伊斯兰教的进入，货币不再刻印人物图案，一般在正面和背面都刻印阿拉伯文字或波斯文字。

在伊斯兰教国家，货币上刻印有统治者的名字，意思是他被赋予了在该地的统治权。所以，每当攻克一个王国，甚至一个地区或要塞，都要发行货币，以宣扬他的统治权。除了统治者的名字、所有头衔，货币上还刻印有发行的回历日期和制造地点。回历的第一年始于穆罕默德建立伊斯兰共和国的年代——公元622年。回历平年为354天，闰年为355天，比公历每年少大约11天。

为了宣传伊斯兰教，有些货币上刻印了"清真言"。清真言是对伊斯兰教信仰的表白："万物非主，唯有真主。穆罕默德，真主使者。"

二、奴隶王朝的坦卡银币

奴隶王朝时期，坦卡银币开始被生产和广泛流通。

坦卡这个名称有硬币的意思，梵语是"Nanaka Tanka"。在古印度历史上，很多货币被称为坦卡。

最早的坦卡，是公元1210年，孟加拉伊斯兰统治者打造的银币，重量为10.8克。公元1224年前后，德里苏丹国的奴隶王朝也出现了白银成色很高的坦卡银币。坦卡银币的出现，是因为此前流通的吉塔尔的白银成色发生了大幅的下降，人们不再愿意接受这种价值难以判断的假银币。

事实上，吉塔尔银币成色下降的问题在德里苏丹国建立的200年前就已经发生了。早在公元1000年，印度沙希王朝与伽色尼王朝（公元962~1186年，又译作迦兹尼王朝、吉兹尼王朝）开战。为了支付战争开支，印度沙希王朝吉塔尔银币的含银量从67%降至25%。此后，直到德里苏丹国建立，吉塔尔银币的含银量逐步下降到了20%左右。为了恢复人们对银币的信心，德里苏丹国使用了白银成色充足、重量为11克的"坦卡"银币。当然，这里所说的白银成色充足，并不是说白银成色达到了100%，而是白银成色超过了吉塔尔最初的水平，大约达到了75%。

据说，坦卡的理论重量是96拉蒂。1拉蒂重量为0.1071克，96拉蒂重量为10.28克。然而，这个理论重量与坦卡的实际平均重量不符。早期坦卡的实际平均重量为11克。一般来说，金属货币的实际平均重量等于理论重量减去制造成本和铸币税。但是，早期坦卡的实际平均重量却低于上述理论重量。

本书的观点是坦卡的理论重量应该是古代吕底亚王国斯塔特标准银币的重量（11 克）。由于当时印度北部地区吉塔尔银币质量低劣，德里苏丹国作为新生政权，力图提高银币质量，在成色上力图恢复银币历史上的最佳状态，在重量上也力图恢复银币历史上的最佳状态。所以，德里苏丹国创建的坦卡银币，是一种复古的、将银币成色标准和重量标准都恢复到最佳状态的一种努力。于是，德里苏丹国选择了世界上银币最初的重量标准——吕底亚王国斯塔特银币标准。

吕底亚王国位于小亚细亚半岛西部（今土耳其西北部），濒临爱琴海，公元前 13 世纪末从曾经称霸古代世界的赫梯王国中独立出来。公元前 640 年，在梅尔姆纳得斯王朝的第二任国王阿尔杜斯统治时期，吕底亚王国创造出了西方世界最早的钱币——琥珀合金币。

琥珀合金币是使用吕底亚王国首都萨迪斯河流中的金银合金制造的，金属成分为三金一银，单位"斯塔特"（stater），重量大约为 14 克。

据说，到了阿尔杜斯的重孙子克洛伊索斯统治时期（公元前 560 年至公元前 546 年），吕底亚王国发明了金银分离术，开始铸造纯金币和纯银币。纯金币重量为 8 克，纯银币重量为 11 克，两者的名称仍然是斯塔特。

重量为 11 克的斯塔特纯银币，代表 1/10 斯塔特纯金币的价值发挥货币职能。斯塔特纯金币的理论重量是 1 舍客勒，即 8.33 克。1/10 斯塔特纯金币的理论重量是 0.833 克。1 单位黄金的价值等于 13.3 单位白银的价值。所以，1 枚斯塔特纯银币的重量等

于 0.833 克 × 13.3=11.08 克。这就是世界上最早银币重量标准的
由来。

斯塔特纯银币制度传入地中海古希腊各城邦，与当地德拉克
马重量制度相结合，建立了德拉克马银币制度。

公元前 4 世纪，亚历山大率领马其顿军队攻灭波斯帝国，占
领了伊朗高原，并到达印度北部地区。亚历山大在这里实行货币
改革，建立了理论重量为 4.24 克的德拉克马银币制度。亚历山
大标准的德拉克马银币制度，被这个地区后世的塞琉古王朝、帕
提亚王朝和萨珊王朝相继使用。

公元 800 年前后，突厥沙希王朝的主要货币仍然是德拉克
马银币，理论重量仍然采用亚历山大德拉克马重量标准 4.24 克。
这种银币逐步转化为吉塔尔银币，重量标准转向古印度重量制度
的达哈拉重量标准 3.426 克。数百年后，吉塔尔银币质量日益低劣。
到了德里苏丹国统治时期，终于出现了坦卡银币，用来替代质量
低劣的吉塔尔银币。为了恢复银币的质量，德里苏丹国建立的坦
卡银币制度，不仅白银成色充足，而且采用世界最早的银币——
斯塔特纯银币的重量标准 11 克，作为坦卡银币的重量标准。

三、坦卡银币、坦卡金币和坦卡铜币

公元 1224 年，德里苏丹国奴隶王朝在伊杜米斯统治时期（公
元 1211~1236 年）开始生产和流通重量 11 克左右、白银成色很
高的坦卡银币，这种银币的数量开始迅速增长。本书对一些实物
进行了观察。例如，公元 1235 年，德里苏丹国奴隶王朝在德里
造币厂生产的菲罗兹·沙 1 坦卡银币。

图 2-5 为奴隶王朝菲罗兹·沙 1 坦卡银币，公元 1235 年在德里造币厂生产，重量为 10.9 克，

正面币文是"以哈里发穆斯坦西尔的名义"，周围是《古兰经》经文；背面币文是"信仰世界最伟大的苏丹之子菲罗兹·沙苏丹，胜利者之父"。

图 2-5　奴隶王朝菲罗兹·沙 1 坦卡银币

公元 1241 年，蒙古大军摧毁了拉合尔造币厂，德里造币厂的作用变得更加重要，开始大量发行 11 克的坦卡银币。此后，德里造币厂又发行过少量的坦卡金币，重量也是 11 克，如图 2-6。

德里苏丹国第 2 王朝——卡尔吉王朝第 5 任君主穆巴拉克·沙时期（公元 1316~1320 年）生产的坦卡金币，重量为 11 克。

图 2-6　穆巴拉克·沙时期生产的坦卡金币

除了坦卡银币、坦卡金币，还有坦卡铜币，理论重量也是 11 克。

公元 1329 年，德里苏丹国第 3 王朝——图格鲁克王朝第 2 任君主穆罕默德二世发行了一种减重的坦卡铜币。

图 2-7 为图格鲁克王朝穆罕默德二世 1 坦卡铜币，公元 1329 年生产，重量为 9.33 克，正面是波斯文"在穆罕默德·图格鲁克

图 2-7　图格鲁克王朝穆罕默德二世 1 坦卡铜币

统治下作为坦卡流通";背面币文是阿拉伯文"顺从苏丹即顺从至仁的真主",周围是波斯文。

虽说坦卡有减重的情况,但仍然可以断定,坦卡银币、坦卡金币和坦卡铜币都是实际平均重量为 11 克的钱币。德里苏丹国制造成色充足的银币、金币和铜币,理论重量都是 11 克,其目的有两个:一是增强人们对货币的信心,二是在各种金属钱币兑换时计算方便。

四、以成色定值的辅币卡尼

除了坦卡银币,德里苏丹国奴隶王朝还将低银合金币吉塔尔改造为坦卡的辅币,称作"卡尼"(kani)或"加尼"(gani),其价值是 1/48 坦卡银币。这件事情发生在奴隶王朝巴尔班统治时期(公元 1266~1287 年)之前。

卡尼的理论重量与吉塔尔一致,都采用古印度达哈拉重量标准 3.426 克。

当时坦卡的白银成色很高,大约达到了 75%。那么,1 坦卡银币的含银量就是 11 克 × 75%=8.25 克,而卡尼的含银量则应该是 8.25 克 ÷48=0.172 克。

卡尼钱币有多种面额:1 卡尼称作艾格加尼,2 卡尼称作杜加尼,4 卡尼称作焦加尼,6 卡尼称作察加尼,8 卡尼称作阿萨加尼,12 卡尼称作巴拉加尼,24 卡尼称作焦比萨加尼,48 卡尼称作阿塔里斯加尼。8 卡尼及以下面额的 5 种卡尼的重量是一致的,与吉塔尔银币的重量相近,理论重量为 1 达哈拉,即 3.426 克。

各种面额的卡尼重量一致,其价值主要靠白银成色来区分。例如，1 卡尼的钱币重量为 3.426 克，其中白银含量为 0.172 克，白银成分为 0.172 克 ÷3.426 克 ×100%=5%；2 卡尼的钱币重量为 3.426 克，其中白银含量为 0.344 克，白银成分为 0.342 克 ÷3.426 克 ×100%=10%；4 卡尼的钱币重量为 3.426 克，其中白银含量为 0.688 克，白银成分为 0.688 克 ÷3.426 克 ×100%=20%；6 卡尼的钱币重量为 3.426 克，其中白银含量为 1.032 克，白银成分为 1.032 克 ÷3.426 克 ×100%=30%；8 卡尼的钱币重量为 3.426 克，其中白银含量为 1.376 克，白银成分为 1.376 克 ÷3.426 克 ×100%=40%。

12 卡尼及以上面额的钱币，重量大于达哈拉标准（3.426 克）。

以成色来决定钱币的价值，这是一个奇怪的安排，人们无法看出钱币的白银成色，难以相信这些钱币的价值。所以，卡尼钱币制度在卡尔吉王朝之后，就被转为达姆铜币制度，不再以成色确定其价值。

第三章

莫卧儿帝国的货币体系

　　莫卧儿帝国初期，巴布尔将帖木儿帝国的沙鲁克希银币引入印度北部地区，与德里苏丹国的坦卡银币和卡尼辅币并行流通。

　　巴布尔的孙子阿克巴继位后，创建了莫卧儿帝国的货币体系。在这个货币体系中，核心货币是继承苏尔王朝的卢比银币，同时还制造摩赫金币和达姆铜币与之并行流通。阿克巴创建的货币体系被莫卧儿帝国长期沿用，直到帝国灭亡。

第一节
初期的货币状况

　　巴布尔攻占德里、建立莫卧儿帝国之后，在印度北部地区引进了帖木儿帝国的银币——沙鲁克希，而当地居民依旧继续使用坦卡银币和卡尼辅币。当巴布尔的儿子胡马雍被赶出德里时，舍尔沙在印度北部建立了苏尔王朝，创建了卢比银币制度。

一、巴布尔引进的沙鲁克希

　　沙鲁克希是帖木儿大帝第 4 个儿子沙哈鲁创建的一个银币品种。当年，帖木儿大帝去世，帖木儿的子孙们发动了争夺王位的战争，沙哈鲁取得胜利，成为帖木儿之后的一代君主。沙哈鲁在位近 40 年，制造的银币被称为沙鲁克希。沙鲁克希银币流通时间长久，覆盖地域广泛。

巴布尔是帖木儿大帝的后裔，当然要继承帖木儿帝国的货币制度，继续制造和发行沙鲁克希银币。沙鲁克希银币的理论重量为4.67克，比德里苏丹国当时使用的坦卡银币轻小很多。德里苏丹国的百姓长期使用坦卡银币，称其为"坦卡"。所以，此时开始使用巴布尔发行的沙鲁克希银币，而沙鲁克希银币的重量还不足坦卡银币的一半，于是就将其称为"轻坦卡"。

图3-1为巴布尔1沙鲁克希银币，公元1526~1530年在喀布尔造币厂生产，重量为4.6克，正面币文是清真言，周围是巴布尔的称号；背面币文是巴布尔的名字，周围还是巴布尔的称号。

图3-1　巴布尔1沙鲁克希银币

公元1530年，巴布尔去世，他的儿子胡马雍继位。胡马雍继续制造沙鲁克希银币，并将其作为莫卧儿帝国的主要货币。然而，这种局面并没有持续很久，在阿富汗苏尔部落首领舍尔沙的军事打击下，胡马雍离开德里，逃往波斯，莫卧儿帝国政权中断，被舍尔沙建立的苏尔王朝所替代。

二、当地居民使用的坦卡和卡尼

巴布尔攻占德里之前，在德里苏丹国流通的主要为坦卡银币和卡尼辅币。

巴布尔引进沙鲁克希银币，使其与当地的坦卡银币和卡尼辅币并行流通。

德里苏丹国制造的坦卡银币，成色优良、理论重量为 11 克，其切实恢复了世界最早银币——吕底亚王国斯塔特纯银币的重量。德里苏丹国创建坦卡银币制度的目的是解决吉塔尔银币成色低劣的问题。

公元 800 年前后，位于今阿富汗一带的突厥沙希王朝的主要货币是德拉克马银币，理论重量为古代马其顿王国亚历山大德拉克马重量标准 4.24 克。这时，突厥沙希王朝德拉克马银币上的图案开始出现瘤牛骑像，但仍然属于德拉克马银币。

公元 850 年，突厥沙希王朝转为印度沙希王朝（公元 850~1206 年）。此后，印度沙希王朝将币图为瘤牛骑像的德拉克马银币的理论重量下调至古印度达哈拉重量标准 3.426 克，这种银币便成为"吉塔尔"银币品种，并在中亚地区多个王国长期流通。

吉塔尔是印度沙希王朝创建的银币制度，特征是瘤牛骑像图，理论重量为 1 达哈拉，成色逐步下降，被德里苏丹国所继承。德里苏丹国是伊斯兰教国家，钱币表面不刻印图案，只有币文。因此，德里苏丹国的吉塔尔就被转为卡尼，重量不变，仍然采用达哈拉重量标准。

此时，由于吉塔尔（卡尼）白银成色大幅度下降，成为虚币，市场需要实币与虚币并行，才能形成稳定的市场货币条件。所以，德里苏丹国创建了坦卡银币制度。

三、辅币卡尼的形制特征

巴布尔攻占德里苏丹国之前，德里苏丹国的主要货币是高成色的坦卡银币，以及作为辅币的卡尼（Kani），又被称作"汗尼"（Ghani）。卡尼是铜多银少的合金币。

图3-2为德里苏丹国卡尔吉王朝巴尔班2卡尼合金币，公元

1266~1287年生产，重量为3.5克，正面币文是阿拉伯文"巴尔班"，周围是那伽里文"斯里·吉亚斯苏丹"；背面币文是阿拉伯文"世界和信仰最伟大的吉亚斯苏丹"。

图3-2　德里苏丹国卡尔吉王朝巴尔班
2卡尼合金币

图3-3为德里苏丹国图格鲁克王朝图格鲁克·沙一世4卡尼合金币，公元1320~1325年生产，重量为3.5克，正面币文是阿拉伯文"图格鲁克·沙"周围是那伽里文"斯里·吉亚斯苏丹"；背面币文是阿拉伯文"世界和信仰的卫道者吉亚斯苏丹"。

图3-3　德里苏丹国图格鲁克王朝图
格鲁克·沙一世4卡尼合金币

卡尼合金币是由银铜合金制成，48卡尼合金币的价值等于1坦卡银币。

四、舍尔沙创建的卢比银币制度

胡马雍统治莫卧儿帝国时期，阿富汗苏尔部落的首领法里德叛乱，打败了胡马雍的军队。胡马雍逃往波斯，法里德在德里建立了苏尔王朝（公元1540~1554年），自称"舍尔沙"。

舍尔沙统治时期，没有继续使用胡马雍的沙鲁克希银币制度，

也没有恢复德里苏丹国的坦卡银币制度，而是创建了独立的银币制度——卢比银币制度。

公元 1542 年，舍尔沙开始发行卢比银币。卢比（rupee）这个名字来源于梵文"raupya"，意思是银制品，1 枚卢比银币的理论重量为 178 格令（grain）。格令是英格兰 1 颗大麦的理论重量，折合现代 0.0648 克。卢比银币的理论重量为 0.0648 克 ×178=11.53 克。

图 3-4　苏尔王朝舍尔沙 1 卢比银币

图 3-4 为苏尔王朝舍尔沙 1 卢比银币，公元 1543 年在舍尔格达造币厂生产，重量为 10.65 克，正面图案是方框内阿拉伯文"舍尔沙苏丹，愿真主赐其统治千秋万载"，下方是那伽里文，周围是阿拉伯文"现实世界和宗教信仰的独一无二的胜利者之父，打制于舍尔格达"，方框左上角是制造年代——回历"950"（公元 1543 年）；背面图案是方框内清真言"万物非主，唯有真主；穆罕默德，真主使者"，周围是四大哈里发的名字，下方为阿布·贝克尔，左方为欧麦尔，上方为奥斯曼，右方为阿里。

公元 1545 年，舍尔沙在对拉杰普特人的征战中阵亡，他的儿子伊斯兰·沙继位。

图 3-5　苏尔王朝伊斯兰·沙
1 卢比银币

图 3-5 为苏尔王朝伊斯兰·沙 1 卢比银币，公元 1545~1552 年在东孟加拉吉大港造币厂生产，重量为 10.6 克，正面是清真言，背面是阿拉伯文和那伽里文。

公元 1552 年，伊斯兰·沙去世，他的弟弟菲罗兹继位，当年又被舍尔沙的侄子阿迪尔·沙替代。阿迪尔·沙继续发行卢比银币。

图 3-6 为阿迪尔·沙 1 卢比银币，公元 1553 年在那瑙尔造币厂生产，重量为 10.9 克，正面是清真言，背面是阿拉伯文和那伽里文。

图 3-6　阿迪尔·沙 1 卢比银币

第二节
阿克巴的摩赫金币

帕尔梅什瓦里指出，阿克巴创建的摩赫金币制度，采用印度本土的重量单位马夏作为计量标准。结合出土的摩赫金币实物进行分析，帕尔梅什瓦里的观点存在问题。阿克巴创建的摩赫金币制度，应该是比照德里苏丹国的坦卡金币制度建立的，摩赫金币与坦卡金币的重量一致，只是金币形状和币文不同。

一、帕尔梅什瓦里的观点

阿克巴发行的金币被称作"摩赫"（mohur）。摩赫原本是波斯语，意思是印章。帕尔梅什瓦里·拉尔·笈多说：

阿克巴发行了金币、银币和铜币。他发行的普通货币沿袭了"苏尔"货币的图案、度量衡和构造。这些金币在这时被称作"摩赫",重 11 马夏,相当于 168~170 格令。[①]

帕尔梅什瓦里·拉尔·笈多指出,阿克巴发行的金币,采用了印度本土重量制度标准,即以马夏为计量单位,11 马夏重量的黄金,制造 1 枚摩赫金币。

帕尔梅什瓦里·拉尔·笈多的观点是很有道理的。公元1556 年,胡马雍去世,阿克巴继位。阿克巴需要做的第一件事情就是消灭苏尔王朝的残余势力,扩张帝国领土,稳定国内局面。因此,阿克巴采用民族包容政策,废除了对非伊斯兰教徒征收的人头税,制定了与当地原有习俗相符合的制度。采用印度本土重量制度制造摩赫金币,切实体现了莫卧儿帝国政权的亲民取向。

但是,结合出土的摩赫金币实物进行考证,帕尔梅什瓦里·拉尔·笈多的观点存在问题。出土的莫卧儿帝国各代皇帝的摩赫金币的重量与帕尔梅什瓦里·拉尔·笈多指出的 11 马夏都不相符。

二、古印度的苏瓦纳、拉蒂和马夏

马夏是古印度的称量单位。古印度的主要称量单位是苏瓦纳(suvarna),马夏是苏瓦纳的分量,即 1/16 苏瓦纳。

目前,出土的古印度石刻砝码的重量单位苏瓦纳,考证重量为 13.705 克。

古印度出现称量单位的时间较早,可以追溯到哈拉巴文明时期。

---

① [印]帕尔梅什瓦里·拉尔·笈多:《印度货币史》,石俊志译,法律出版社2018 年版,第 147 页。

哈拉巴文明时期出现的称量单位苏瓦纳，是 128 颗野甘草种子的重量。近代在印度河谷（Indus Valley）考古发掘出了 1500 多枚立方体石刻砝码，这些砝码属于公元前 2500 年至公元前 1500 年埋藏的古物，基本属于哈拉巴文明时期，各枚重量遵循以下数字序列：

1/16、1/8、1/6、1/4、1/2、1、2、4、10、20、40、50、100、200、500、800。

对这些石刻砝码进行测量后发现，各自表达基本单位 1 的重量均值趋于 13.710 克，偏离均值的幅度不超过 2%。

此外，在瑟卡坡（sirkap）遗址的考古发掘中，出土了 54 枚球状石刻砝码。这些砝码属于公元 36 年埋藏的古物，砝码上面钻有小孔，插着铅塞，说明其重量在古时曾被校正，实测重量遵循以下数字序列：

1/4、1/2、1、2、4、16、32。

对这些石刻砝码进行测量后发现，各自表达基本单位 1 的平均重量趋于 13.705 克。与 2000 年前的重量标准相比，基本单位 1 的平均重量下降了 0.005 克。

这个经历 2000 年风雨依旧不变的重量单位就是苏瓦纳。苏瓦纳这个词的另一个意思是"漂亮的"，作为形容词来形容金属，漂亮的金属便是黄金。后来，苏瓦纳由形容词转变为名词，后面不再作为名词"金属"，苏瓦纳这个词作为名词就直接意指"黄金"。

古印度的称量单位基于野甘草种子的重量，1 苏瓦纳便是 128 颗野甘草种子的重量。

这种野甘草的种子被称为"拉蒂"（Ratti），平均重量为 0.107 克。本书遵循 2 进制数字序列，将 1 苏瓦纳的重量分割成若干个拉蒂的重量单位，就得出表 3-1。

表 3-1 苏瓦纳分量单位重量

重量单位	拉丁文	重量（克）	拉蒂数量
苏瓦纳	suvarna	13.705	128
达哈拉	dharana	3.426	32
马夏	masha	0.857	8
马夏卡	mashaka	0.214	2
拉蒂	ratti	0.107	1

1/4 苏瓦纳等于 1 达哈拉，即 32 颗野甘草种子的重量，折合现代 3.426 克。达哈拉是一个非常重要的单位，这个重量的金属，特别适合制造成 1 枚钱币。甚至有人推测，达哈拉这个名词，在古印度的意思就是"称重"，与两河流域苏美尔人的名词"舍客勒"具有相同的含义。在古印度，符合达哈拉重量标准的钱币有不同的名称，如卡夏帕那（karshapanas）、吉塔尔（jitals）、帕古达（pagodas）等。

这些不同名称钱币的重量大体上都接近达哈拉（dharana）的重量标准。

根据英国货币学家罗伯特·泰伊（Robert Tye）的测量，目前野甘草种子的平均重量确实是 0.107 克。128 颗野甘草种子的重量，或者说 128 拉蒂的重量，就是 13.705 克，即古印度称量制度中的主要单位苏瓦纳的重量。

马夏（masha）是 8 拉蒂的重量，或者说是 1/16 苏瓦纳的重量，即 0.857 克。

三、摩赫金币的重量标准

帕尔梅什瓦里·拉尔·笈多认为，1摩赫金币的理论重量是11马夏，即0.857克×11=9.427克。他又说，1摩赫金币的理论重量为168~170格令（Grain）。

格令是英格兰大麦粒的重量，等于0.0648克。168~170格令的平均重量为0.0648克×169=10.95克。11马夏的重量是9.427克，与168~170格令（大约为10.95克）的重量显然不符。

由此可见，帕尔梅什瓦里的观点是有问题的。1摩赫金币的理论重量不应该是11马夏，而应该是11克左右，即11克÷0.857克=12.835马夏。

我们现在看到的莫卧儿帝国的摩赫金币，其实际平均重量为11克。

图3-7巴哈杜尔·沙一世1摩赫金币，公元1707~1712年生产，重量为11克。

这个重量与德里苏丹国坦卡金币的重量是一致的。阿克巴创建莫卧儿帝国的货币体系时，印度北部百姓还在使用德里苏丹国的坦卡货币，其中有坦卡银币、坦卡金币和坦卡铜币，重量标准都是11克。为了使摩赫金币顺利进入市场，替代德里苏丹国的坦卡金币，最简单的办法就是制造与德里苏丹国金币重量一致的金币。

图3-7　巴哈杜尔·沙世1摩赫金币

四、莫卧儿帝国制造的摩赫金币

巴哈杜尔·沙一世是奥朗则布的儿子，在夺取皇位前一直是喀布尔的省督。公元1707年，奥朗则布去世，国家领土被分给了三个儿子。于是，三个儿子之间发生了战争，巴哈杜尔·沙一世打败了两个弟弟，成为莫卧儿帝国唯一的皇帝。

初期，阿克巴发行的摩赫金币价值9卢比。后来，阿克巴又发行了价值10卢比和价值12卢比的摩赫金币。

阿克巴还发行过面额为100摩赫、50摩赫、25摩赫、20摩赫、12摩赫、10摩赫、5摩赫、4摩赫、3摩赫和2摩赫的金币，每单位摩赫价值为9卢比。每一种都有各自的名字，如100摩赫叫"山沙"、50摩赫叫"拉哈斯"、25摩赫叫"奥特玛"、20摩赫叫"宾萨特"等。

公元1605年，阿克巴去世，贾汉·吉尔登上王位。但是，贾汉·吉尔在次年才举行正式加冕仪式。他下令在加冕之前不准以他的名义发行货币。然而，并不是所有的造币厂都严格遵守了这一命令。这一时期，阿格拉造币厂发行了刻有阿克巴肖像的摩赫金币，金币上铸有"贾汉·吉尔第一年"的年号和伊斯兰教纪年。

不仅莫卧儿帝国发行过摩赫金币，迈索尔王朝的提普·苏丹在位的16年期间也发行了摩赫金币和半摩赫金币。公元1765年，孟买也发行了金币，为1摩赫、1/2摩赫和1/4摩赫。公元1815年，南印度的马德拉斯引进了一种英国样式的摩赫金币，1摩赫金币和半摩赫金币的正面有公司的徽章和铭文"英国东印度公司"，背面是波斯铭文。公元1835年，加尔各答造币厂委员会发行了价值 30 卢比的 2 摩赫金币和价值 15 卢比的 1 摩赫金币。

第三节
卢比银币是核心货币

在阿克巴创建的货币体系中，核心货币并不是摩赫金币，而是卢比银币。

一、卢比银币与摩赫金币的比价

阿克巴继位初期也发行了沙鲁克希银币。不久之后，阿克巴仿照苏尔王朝的货币制度发行了摩赫金币、卢比银币和达姆铜币。

阿克巴发行的摩赫金币的理论重量是 11 克，与德里苏丹国的坦卡金币重量一致；阿克巴发行的卢比银币的理论重量是 11.53 克，即 178 格令，与苏尔王朝的卢比银币重量一致。

图 3-8 为阿克巴 1 卢比银币，公元 1571 年在阿格里造币厂生产，重量为 11.36 克，正面文字为清真言；背面文字为阿克巴名字及称号，方框右下角是制造年代回历"979"（公元 1571 年）。

帕尔梅什瓦里·拉尔·笈多指出：

图 3-8　阿克巴 1 卢比银币

9卢比相当于1金摩赫。据阿布尔·法兹勒所言，阿克巴发行了另外两种等值于10卢比、12卢比的金币，分别重186~188格令和215格令。[①]

9枚卢比银币兑换1枚摩赫金币的条件下，钱币金银比价为：

11.53克 × 9 ÷ 11 克 =9.43

另外两种金币，重量分别为：

0.0648 × 187=12.12（克）

0.0648 × 215=13.93（克）

其钱币金银比价分别是：

11.53克 × 10 ÷ 12.12 克 =9.51

11.53克 × 12 ÷ 13.93 克 =9.93

综合来看，在阿克巴制定的货币体系中，钱币金银比价为：

（9.43+9.51+9.93）÷ 3=9.62

钱币金银比价为1∶9.62，与传统理念中的商品金银比价1∶13.3相比，制造金币不利，制造银币有利可图。

由此可以判断，莫卧儿帝国主要制造卢比银币，而不会大量制造摩赫金币。

二、贾汗·吉尔的货币改制

公元1605年，阿克巴去世，其子萨利姆继位，史称"贾汗·吉

---

① ［印］帕尔梅什瓦里·拉尔·笈多：《印度货币史》，石俊志译，法律出版社2018年版，第147—148页。

尔"。帕尔梅什瓦里·拉尔·笈多说：

> 加冕以后，贾汗·吉尔立即下令将金币和银币的重量增加20%，即金币增至202格令，银币增至212格令。在位的第四年，他又提出将货币再次增重5%，至此金币重212格令，银币重222格令。但在位的第六年，人们向他提出新的重量级货币不便于交易，于是阿克巴时期中170格令的金币和178格令的银币得以再次发行。之后这些重量的金币和银币都继续发行，直至贾汗·吉尔结束统治。[①]

根据帕尔梅什瓦里的讲述，贾汗·吉尔加冕后，立刻实行货币改制，将金币和银币的重量都增加了20%，即金币的重量从170格令增至202格令，银币的重量从178格令增至212格令。

于是，摩赫金币的理论重量升至：

0.0648 克 ×202=13.10 克

而卢比银币的理论重量则升至：

0.0648 克 ×212=13.74 克

贾汗·吉尔统治的第4年，卢比银币的法定重量增至222格令：

0.0648 克 ×222=14.39 克

遗憾的是，现在可以看到的贾汗·吉尔的金币和银币，重量都与阿克巴制定的重量标准相仿，并没有发现重量增加的钱币。例如：

---

① ［印］帕尔梅什瓦里·拉尔·笈多：《印度货币史》，石俊志译，法律出版社2018年版，第153页。

图 3-9 为贾汗·吉尔 1 卢比银币，公元 1607 年在艾哈迈德巴德造币厂生产，重量 11.01 克，正面币文是波斯文对句体颂诗；背面币文是波斯文，正下方有在位年代"2"，以及月份。此币采用贾汗·吉尔继位前的名字"萨利姆"。

图 3-9　贾汗·吉尔 1 卢比银币

三、皇后努尔·贾汗发行的卢比

贾汗·吉尔的王后是被抢来的女人，被称作"努尔·贾汗"。

贾汗·吉尔长期酗酒、吸毒，身心破败，晚年时便将政权交给了王后管理。公元 1624 年，王后努尔·贾汗成为莫卧儿帝国的实际统治者。努尔·贾汗制造钱币，在上面刻印自己的名字，宣扬自己的权力。

图 3-10 为皇后努尔·贾汗 1 卢比银币，公元 1627 年在帕特耶造币厂生产，重量为 11.37 克，波斯文对句体颂诗分布在正面和背面："奉贾汗·吉尔国王之命，打制此币；因努尔·贾汗后之名，更百倍生辉"，正面横线下方有小

3-10　皇后努尔·贾汗 1 卢比银币

字制造年代回历"1037"（公元 1627 年）；背面横线下方有在位年代"22"。

努尔·贾汗把阿萨夫汗的女儿马塔兹·玛哈尔嫁给了贾汗·吉尔的儿子胡拉姆（后称"沙·贾汗"），把自己的前夫之女

拉德里贝根嫁给了贾汗·吉尔的幼子沙尔亚尔。

公元 1627 年，贾汗·吉尔去世，努尔·贾汗支持她的女婿沙尔亚尔继位，她的哥哥阿萨夫汗联合胡拉姆，武力打败了沙尔亚尔的支持者，软禁了努尔·贾汗，囚禁了沙尔亚尔并弄瞎了他的双眼。

胡拉姆登上王位，史称"沙·贾汗"。他继续制造卢比银币，并维持卢比银币的重量，使其略低于理论重量。

图 3-11 为沙·贾汗 1 卢比银币，公元 1643 年在拉合尔造币厂生产，重量为 10.9 克，正面币文为波斯文沙·贾汗的名字和称号，方框下方为在位年代"17"；背面

图 3-11　沙·贾汗 1 卢比银币

币文是清真言，框外币文为"凭借阿布·贝克尔的真理和欧麦尔的公正；奥斯曼的谦逊和阿里的睿智"。

四、奥朗则布发行的货币

公元 1659 年，奥朗则布登上皇位，立即宣布禁止在货币上使用清真言。他认为，货币如果传入非穆斯林地区，传到卡非尔人手里，货币就会被玷污。所以，莫卧儿帝国的货币上不再刻印清真言。

与他的父亲沙·贾汗和他的祖父贾汗·吉尔相比较，奥朗则布发行的铜币数量更多一些。在他登基的前 5 年，发行的达姆铜币符合阿克巴制定的重量标准。此后，他发行的铜币重量有所下降，成为信用化较强的货币。发行虚币的造币利益显然大于发行

实币，因此使奥朗则布获得了更多的经济利益。同时，让虚币与实币并行流通，有利于保持虚币名义价值的稳定。奥朗则布实行虚币与实币并行流通的制度，说明当时莫卧儿帝国政权的信用十分强大。

帕尔梅什瓦里·拉尔·笈多认为，达姆铜币重量下降可能是金属价格上升所致。

在登上王位后的第五年之前，他一直发行和达姆一样重的钱币。后来可能是因为金属价格的上涨，铜币的重量有所下降。[1]

莫卧儿帝国时期，奥朗则布的造币厂最多，部分造币厂被授权发行金币、银币和铜币；部分造币厂被授权发行金币和银币；还有一些造币厂被授权只能发行铜币。

奥朗则布统治时期，卢比银币仍然是核心货币，摩赫金币发行较少，达姆铜币作为卢比银币的辅币，40 枚达姆铜币兑换 1 枚卢比银币。由于达姆铜币具有虚币性质，制造利益较大，制造数量较多。

公元 1707 年，奥朗则布去世。经历了 181 年的强盛，莫卧儿帝国已经无力统治各地土邦。在此后的 150 年里，印度半岛上的封建王国纷纷脱离莫卧儿帝国的统治，欧洲殖民者大量涌入，莫卧儿帝国分崩离析，名存实亡。

在莫卧儿帝国后期，卢比银币仍然是其主要的流通货币。虽然帝国的势力衰弱，但是其制造的银币质量却依旧标准规范。各

---

① ［印］帕尔梅什瓦里·拉尔·笈多:《印度货币史》，石俊志译，法律出版社2018 年版，第 159 页。

地封建王国甚至欧洲殖民者制造的许多品种的货币，仍以莫卧儿帝国皇帝的名义发行。

第四节
达姆铜币处于辅币地位

在阿克巴创建的货币体系中，卢比银币是核心货币，达姆（dam）铜币是卢比银币的辅币，40枚达姆铜币兑换1枚卢比银币。

一、阿克巴制造的达姆铜币

达姆铜币的理论重量为20.93克。

图3-12为阿克巴1达姆铜币，公元1556~1605年在阿格拉造币厂生产，重量为20.48克，正面币文和背面币文都是波斯文。

帕尔梅什瓦里·拉尔·笈

图3-12　阿克巴1达姆铜币

多说：

铜达姆重1拖拉8玛莎8苏尔赫，相当于323格令。40达姆相当于1卢比，9卢比相当于1金摩赫。[①]

---

① ［印］帕尔梅什瓦里·拉尔·笈多：《印度货币史》，石俊志译，法律出版社2018年版，第147页。

阿克巴发行了金币、银币和铜币。根据帕尔梅什瓦里·拉尔·笈多的研究，卢比银币的重量为 178 格令，铜币的重量为 323 格令。

0.0648 克 ×323=20.93 克

即 1 枚达姆铜币的理论重量是 20.93 克。这个理论重量与上述出土的达姆铜币重量相符。同时，卢比银币的理论重量为 11.53 克，钱币银铜比价：

20.93 克 ×40÷11.53 克 =72.61

即 1 单位白银价值 72.61 单位铜。这个比价大体符合商品银铜比价。

❧ 二、巴布尔时代的重量制度

公元 1526 年，巴布尔攻占了德里苏丹国，开始使用该地区的重量制度，该地区的重量制度源于古印度的重量制度。对此，巴布尔有详细的阐述。

印度的居民也定有很好的衡制。

8 拉提 =1 马沙；4 马沙 =1 腾格 =32 拉提；5 马沙 =1 密斯卡耳 =40 拉提；12 马沙 =1 图拉 =96 拉提；14 图拉 =1 色尔。[①]

这里援引的译文与通常的译文不完全一致："拉蒂"在这里被译为"拉提"，"马夏"在这里被译为"马沙"，"达哈拉"在这里被译为"腾格"，"米思考"在这里被译为"密斯卡耳"，"拖拉"在

①　[古印度]巴布尔：《巴布尔回忆录》，王治来译，商务出版社 2018 年版，第 501 页。

这里被译为"图拉"。

然而,巴布尔关于古印度重量制度的阐述是可靠的。古印度重量制度也是长期稳定的。

就本书而言,古印度重量制度的基本单位是拉蒂(0.107克);8拉蒂等于1马夏(0.857克);32拉蒂等于1达哈拉(3.426克);40拉蒂等于1米思考(4.28克);96拉蒂等于1拖拉(10.28克);14拖拉等于1色尔(144克)。

以上重量标准是英国货币学家罗伯特·泰伊考证的结果。然而,在不同时期,单位重量标准是不同的。

三、帕尔梅什瓦里的考证

印度货币学家帕尔梅什瓦里关于古印度货币制度中各个重量单位标准的考证,与上述罗伯特·泰伊的考证结果不同。帕尔梅什瓦里说:

"摩赫"重11玛沙,相当于(168~170格令)。[1]

据此,1马夏(玛沙)重量平均为0.996(0.0648×169÷11)克。

帕尔梅什瓦里又说:

银卢比重11.5玛沙,相当于178格令。[2]

据此,1马夏(玛沙)重量=0.0648克×178÷11=1.003克。

由此可见,根据帕尔梅什瓦里的考证,1马夏的重量大约是1克。帕尔梅什瓦里又说:

---

[1][2] [印]帕尔梅什瓦里·拉尔·笈多:《印度货币史》,石俊志译,法律出版社2018年版,第147页。

铜达姆重 1 拖拉 8 玛莎 8 苏尔赫，相当于 323 格令。[①]

由于 1 拖拉等于 12 马夏（玛沙）。考虑到马夏以下的单位是苏尔赫，并且在这里出现了 8 苏尔赫这样的数量，可以确定 1 马夏等于的苏尔赫数量不会少于 9 苏尔赫，结合 1 拖拉等于 12 马夏的规定，便可以推定 1 马夏等于 12 苏尔赫，那么，达姆的重量就是：

12 马夏 +8 马夏 +0.67 马夏 =20.67 马夏 =323 格令，即

0.0648 克 ×323=20.93 克

1 马夏的重量为：

20.93 克 ÷20.67=1.013 克

结果仍然是 1 马夏等于 1 克左右。根据罗伯特·泰伊的考证：1 马夏重为 0.857 克；而帕尔梅什瓦里的考证则是：1 马夏重量为 1 克左右，两者考证的结果之间存在着较大的差距，是否属于不同历史时期的重量标准，这个问题需要今后找到更可靠的证据来解决。

四、达姆铜币转为派萨铜币

德里苏丹国流通的高成色银币坦卡和低成色银币吉塔尔，又被称作"卡尼"。卡尔吉王朝（公元 1290~1320 年）后，卡尼演化为"达姆"。

当卡尼演化为达姆时，它已经不再是低银合金币，而是铜币。

---

① ［印］帕尔梅什瓦里·拉尔·笈多：《印度货币史》，石俊志译，法律出版社 2018 年版，第 147 页。

达姆作为铜币，重量与卡尼不同。卡尼的重量采用达哈拉重量标准，即3.426克，而达姆的重量则比卡尼高很多。阿卡巴创建莫卧儿帝国货币体系时，达姆的重量是20.93克。

从此，吉塔尔由低银合金币转为记账单位，又被称作"基泰"，价值大幅度下降，仅仅等于1/25达姆铜币的价值。

奥朗则布统治时期（公元1658~1707年），莫卧儿帝国国力强盛，达姆铜币质量下降，呈现一定程度的虚币性质。由于制造虚币利益较大，奥朗则布统治时期的达姆铜币制造量很大，流通区域广泛。

奥朗则布去世后，莫卧儿帝国走向了衰败，货币信用逐步下降，以致更多的是依靠币材金属价值发挥货币职能，达姆铜币的流通便出现了困难。于是，在莫卧儿帝国后期，达姆铜币消失了，取代它的是派萨（paisa，复数形式为paise）铜币。派萨这个词源于梵文，意思是1/4，即指1/4安那银币，或指1/64卢比银币。

1枚卢比银币兑换40枚达姆铜币，或者64枚派萨铜币，那么，派萨铜币的理论重量就是：

20.93克×40÷64=13.08克

奥朗则布去世后，公元18世纪下半叶，迈索尔土王发行的派萨铜币的重量为12.18克，与派萨铜币的理论重量基本相符。

第四章

后期莫卧儿帝国的货币

奥朗则布的去世标志着莫卧儿帝国强盛时期的结束，以及后期莫卧儿帝国的开始。奥朗则布的子孙忙于争夺皇位，无力顾及对国家的管理。各地封建王国和省督纷纷独立，不再接受莫卧儿帝国的号令。欧洲各国殖民者也进一步强化了在印度半岛各地的殖民统治，莫卧儿帝国名存实亡。然而，莫卧儿式货币却保持了强盛时期的质量。直到莫卧儿帝国灭亡，后期莫卧儿帝国的各代皇帝，都能严格地按照阿克巴创建的货币制度制造和发行质量合格的莫卧儿式货币，并使其流通覆盖到几乎整个印度半岛。

第一节
帝国衰败时期发行的货币

奥朗则布的儿子巴哈杜尔·沙一世通过战争打败了两个弟弟，夺取了皇位。战争造成国力衰败，巴哈杜尔·沙一世已无力统治各地的封建王国，任凭国家走向四分五裂。巴哈杜尔·沙一世去世后，他的儿子贾汗达尔杀死了自己的三个弟弟，夺取了皇位，后又被侄子杀死，宫廷出现了权臣揽政的局面，莫卧儿帝国的实力更加虚弱，诸侯割据的局面更加明显。然而，莫卧儿帝国衰败时期发行的货币，却一直保持着强盛时期制定的质量标准。

一、巴哈杜尔·沙一世继位皇帝

为了让儿子们都有所作为，奥朗则布死前留下了一份遗嘱，让他在世的三个儿子穆阿扎姆、阿扎姆和卡姆·巴赫什平分莫卧儿帝国的领土。在奥朗则布去世前，穆阿扎姆任喀布尔总督，阿扎姆任古吉拉特总督，卡姆·巴赫什任比贾普尔总督。

公元 1707 年 3 月，奥朗则布去世，三个儿子立刻开始为争夺皇位而互相厮杀。卡姆·巴赫什据守京城并僭称皇帝。穆阿扎姆和阿扎姆从喀布尔和古吉拉特率领军队赶到京城。还没等到攻打僭位的皇帝卡姆·巴赫什，穆阿扎姆和阿扎姆就已经闹翻了。公元 1707 年 6 月，奥朗则布死后 3 个月，穆阿扎姆和阿扎姆的战争打响了，阿扎姆兵败身亡。第二年，穆阿扎姆与卡姆·巴赫什在海得拉巴交战，卡姆·巴赫什战死。于是，穆阿扎姆通过战争打败两个弟弟，成为莫卧儿帝国唯一的皇帝，史称"巴哈杜尔·沙一世"。

巴哈杜尔·沙一世残酷地镇压了锡克人的起义，瓦解了马拉塔人内部之间的信任关系，使马拉塔人无力对莫卧儿帝国形成威胁。但是，巴哈杜尔·沙一世继位时已经 63 岁了，5 年后就去世了。

二、巴哈杜尔·沙一世发行的货币

巴哈杜尔·沙一世发行的货币，在质量方面严格遵守阿克巴制定的标准，甚至在含金量上超过了阿克巴制定的标准。

图 4-1 为巴哈杜尔·沙一世 1 卢比银币，公元 1711 年在阿克巴拉巴德造币厂生产，重量为 11.8 克，正面和背面都是波斯

文"卫教之君沙·阿拉姆"，正面右侧是在位年代"4"（公元
1711 年）。

图 4-1　巴哈杜尔·沙一世 1 卢比银币

巴哈杜尔·沙一世又被称为"沙·阿扎姆"，史称"沙·阿扎姆一世"。公元 1708 年，他打败弟弟卡姆·巴赫什，成为莫卧儿帝国唯一的皇帝。

阿克巴制定的卢比银币标准，理论重量为 11.53 克，而巴哈杜尔·沙一世发行的卢比银币，实际重量达到了 11.8 克，显然超过了理论重量。

三、贾汗达尔发行的卢比

公元 1712 年，巴哈杜尔·沙一世去世，他的儿子们又开始争夺皇位。

巴哈杜尔·沙一世有 4 个儿子：贾汗达尔、阿济姆、贾汗沙和拉菲。4 人争夺的结果是贾汗达尔杀死了 3 个弟弟，做了几个月皇帝，就被弟弟——巴哈杜尔·沙一世的第 2 个儿子阿济姆的儿子法鲁赫·西亚尔废黜，绞死在德里城堡。

虽然只做了几个月皇帝，贾汗达尔也发行了卢比银币。

图 4-2 为贾汗达尔 1 卢比银币，公元 1712 年在苏拉特造币厂生产，重量为 11.4 克，正面是波斯文，"征服者之父，卫教之君贾汗达尔·沙"，中间右侧有制造年

图 4-2　贾汗达尔 1 卢比银币

代回历"1124"（公元1712年）。

贾汗达尔发行的卢比银币，质量上仍能满足阿克巴制定的质量标准。

四、权臣擅政时期发行的货币

法鲁赫·西亚尔推翻伯父贾汗达尔的统治，靠的是宫廷政变。而这次宫廷政变的支持者，是比哈尔邦总督赛义德·阿卜杜拉和阿拉哈巴德总督赛义德·阿里两兄弟及其掌控的军队。

赛义德兄弟掌握了朝政，阿卜杜拉成为宰相，阿里成为朝廷军队的统帅。

图4-3为法鲁赫·西亚尔1卢比银币，公元1718年在沙贾汗纳巴德造币厂生产，重量为11.4克，正面和背面都是波斯文，背面左下角是制造年代回历

图4-3　法鲁赫·西亚尔1卢比银币

"1129"（公元1717年）。

法鲁赫·西亚尔并不放心赛义德兄弟，他对这兄弟俩采取忘恩负义的行动，招致赛义德兄弟的怨恨。

公元1719年，赛义德兄弟废黜了法鲁赫·西亚尔皇帝，把他的眼睛弄瞎，然后处死了他。赛义德兄弟拥立巴哈杜尔·沙一世第4个儿子拉菲的两个儿子——达拉贾特和道拉相继成为傀儡皇帝。但是,拉菲的两个儿子都不绝对听从赛义德兄弟的操纵。于是，在7个月的时间里，两位傀儡皇帝相继被杀死，之后巴哈杜尔·沙一世第3个儿子贾汗·沙的儿子罗赫桑被拥立为傀儡皇帝。

公元 1719 年，赛义德兄弟大兴废立的年代，莫卧儿帝国仍然发行了质量合格的货币。

图 4-4 为达拉贾特 1 卢比银币，公元 1719 年在拉舍尔造币厂生产，重量为 11.24 克，正面和背面都是波斯文，正面中间右上角是在位年代 "1"（公元 1719 年）。

图 4-4　达拉贾特 1 卢比银币

达拉贾特是巴哈杜尔·沙一世第 4 个儿子拉菲的儿子，公元 1719 年被赛义德兄弟立为皇帝，但很快被赛义德兄弟杀害。

图 4-5　道拉 1 卢比银币

图 4-5 为道拉 1 卢比银币，公元 1719 年在沙贾汗纳巴德造币厂生产，重量为 11.45 克，正面和背面都是波斯文，背面中间下方是在位年代 "1"（公元 1719 年）。

道拉也是巴哈杜尔·沙一世第 4 个儿子拉菲的儿子，公元 1719 年被赛义德兄弟立为皇帝，但很快就被赛义德兄弟杀害了。

第二节

穆罕默德·沙发行的货币

赛义德兄弟擅权，相继拥立了 4 个皇帝，但在 1 年内就杀死了 3 个，但终于遇到了对手。第 4 个皇帝罗赫桑非常厉害，史称"穆罕默德·沙"。穆罕默德·沙只用了一年就击败了赛义德兄弟，并将他们置于死地。穆罕默德·沙发行的卢比银币和摩赫金币，都符合阿克巴制定的货币质量标准。

一、穆罕默德·沙继位皇帝

穆罕默德·沙（公元 1719~1748 年）是巴哈杜尔·沙一世的孙子罗赫桑。

法鲁赫·西亚尔做了 5 年皇帝，被赛义德兄弟废黜并处死。赛义德兄弟大权在握，兴废立，换皇帝。巴哈杜尔·沙一世的 3 个孙子——拉菲的两个儿子达拉贾特、道拉，贾汗沙的儿子罗赫桑，3 人相继成为莫卧儿帝国的皇帝。

穆罕默德·沙继位时只有 18 岁，但是他并没有像赛义德兄弟想象的那样听话。穆罕默德·沙找到了许多支持者，其中最厉害的是尼扎姆。有了许多大臣的支持，穆罕默德·沙的实力逐渐增强，赛义德兄弟的日子就不好过了。

公元 1720 年，穆罕默德·沙继位刚刚一年，军队统帅赛义德·阿里在讨伐尼扎姆的途中被刺身亡；宰相赛义德·阿卜杜拉被下狱，罪名是阴谋拥立拉菲的又一个儿子当皇帝。公元 1721 年，尼扎姆被任命为宰相。公元 1722 年，赛义德·阿卜杜拉被处死，朝廷权力终于回到了皇帝的手里。

自公元 1707 年奥朗则布去世至公元 1719 年穆罕默德·沙继位，历经了 12 年的朝堂争斗，奥朗则布的子孙们几乎死亡殆尽，最后终于出现了一位比较有能力的皇帝，皇位才实现了一段较长时期的稳定。

但是，内忧刚息，外患又起，公元 1736 年，波斯人开始入侵印度半岛。

二、波斯人的入侵

穆罕默德·沙整顿朝政，摆脱了赛义德兄弟的控制。但是，他仍然不能恢复莫卧儿帝国中央集权的统治，地方政权继续做大，一个省又一个省地摆脱帝国的控制，先是德干，后是奥德和孟加拉；马拉特人、贾特人、阿富汗人、锡克人纷纷独立。奥朗则布去世不到30年，莫卧儿帝国便分裂成无数独立的和半独立的王国。

此时，波斯正值阿夫沙尔王朝，国王纳迪尔·沙英勇善战。公元1738年，纳迪尔·沙以穆罕默德·沙违反诺言和德里朝廷虐待他的使者为借口，率领军队攻打印度。第二年，纳迪尔·沙攻占了加兹尼、喀布尔和拉合尔。

公元1739年，纳迪尔·沙在卡纳尔战役中重创莫卧儿帝国的军队，穆罕默德·沙只好求和。纳迪尔·沙进入德里，对德里市民进行了大屠杀。

所有男人，不论年龄大小，一律被杀死，所有女人都被拉去当奴隶。……德里城呈现出一派纵火和残杀的恐怖景象达8个星期之久。[1]

根据纳迪尔·沙的秘书估计，纳迪尔·沙在德里勒索了1.5亿卢比现金和大量珠宝。此外，印度河以西的诸省，包括信德、喀布尔和西旁遮普，都割让给了波斯人。

---

① ［印］帕尔梅什瓦里·拉尔·笈多：《印度货币史》，石俊志译，法律出版社2018年版，第124页。

纳迪尔·沙的入侵为来自印度外界的更多的入侵者开了先河。波斯人入侵后，阿富汗人也开始侵略印度。

三、卢比银币和摩赫金币

在波斯人入侵前，穆罕默德·沙发行的卢比银币和摩赫金币都符合阿克巴制定的货币质量标准。

图4-6　穆罕默德·沙1卢比银币

图4-6为穆罕默德·沙1卢比银币，公元1735年在沙贾汗纳巴德造币厂生产，重量为11.24克，正面币文是波斯文"众星共举的君王"，右上方是制造年代回历"1147"（公元1735年）；背面币文是造币地点的名称，中间下方是在位年代"17"（公元1739年）。

根据帕尔梅什瓦里·拉尔·笈多的考证，在阿克巴（公元1556~1605年）创建的货币体系中，1卢比银币的理论重量是11.53克，减去制造成本和铸币税，穆罕默德·沙在公元1739年发行的卢比银币符合阿克巴制定的卢比银币的重量标准。

图4-7　穆罕默德·沙1摩赫金币

图4-7为穆罕默德·沙1摩赫金币，公元1739年在沙贾汗纳巴德造币厂生产，重量为10.90克，正面币文是波斯文"穆罕默德·沙，当代之王，奉真主之命打制此币"，右上方是制造年代回历"1151"（公元1739年）；背面币文是造币地点的名称，中间

下方是在位年代 "21"（公元 1739 年）。

根据帕尔梅什瓦里·拉尔·笈多的考证，在阿克巴创建的货币体系中，1 摩赫金币的理论重量是 10.95 克，穆罕默德·沙在公元 1739 年发行的摩赫金币符合阿克巴制定的摩赫金币的重量标准。

四、战争重创后的货币质量

纳迪尔·沙的入侵，给莫卧儿帝国造成了重创。

然而，莫卧儿帝国货币的质量并没有受到战争的影响，仍然保持着阿克巴制定的货币质量标准。

公元 1748 年，穆罕默德·沙猝死，他的儿子艾哈迈德·沙继位。艾哈迈德·沙发行的货币，仍然保持着莫卧儿帝国一贯坚持的质量标准。

图 4-8 为艾哈迈德·沙 1 卢比银币，公元 1748 年在坎巴雅特造币厂生产，重量为 11.54 克，正面币文是波斯文，右上方是制造年代回历 "1161"（公元 1748 年）；背面币文是造币地点的名称，中间下方是在位年代 "1"（公元 1748 年）。

艾哈迈德·沙做了 6 年皇帝。在这 6 年里，莫卧儿帝国遭受着阿富汗人的侵扰。此时，阿富汗统治者的名字与莫卧儿帝国皇帝一样，也叫作 "艾哈迈德"，全称是 "艾哈迈德·汗·阿卜达里"。

图 4-8　艾哈迈德·沙 1 卢比银币

公元 1748 年，阿富汗军队在阿卜达里的率领下入侵印度，

以失败告终。公元 1750 年，阿卜达里第二次入侵印度，征服了
旁遮普。公元 1751 年，阿卜达里第三次入侵印度，征服了克什
米尔，并迫使莫卧儿帝国割让锡尔欣德地区。

第三节
阿拉姆吉尔二世发行的货币

与穆罕默德·沙一样，阿拉姆吉尔二世也是巴哈杜尔·沙一
世的孙子。但是，阿拉姆吉尔二世没有穆罕默德·沙那样的能力，
他只是个被释放的囚徒，是权臣谢哈布丁的傀儡。他做了 5 年傀
儡皇帝后，就被谢哈布丁杀害了。阿拉姆吉尔二世发行的货币主
要是卢比银币，其质量依旧优良。

一、巴哈杜尔·沙一世的孙子阿拉姆吉尔

巴哈杜尔·沙一世和他的儿子贾汗达尔·沙相继成为莫卧儿
帝国的第 7 任、第 8 任皇帝后，皇位转到贾汗达尔·沙的侄子法
鲁赫·西亚尔身上。紧接着，赛义德兄弟专权擅政，大兴废立，
皇位在贾汗达尔·沙的侄子、侄孙之间转了一圈后，又回到贾汗
达尔·沙的儿子手里。

艾哈迈德·沙做了 6 年皇帝后，被权臣谢哈布丁废黜，被挖
掉双眼，关进了皇宫的国家监狱。

公元 1713 年，贾汗达尔·沙被杀，儿子阿济兹被囚禁。公
元 1754 年，阿济兹被囚禁 41 年后，由权臣谢哈布丁释放，做了

皇帝。谢哈布丁就是打败赛义德兄弟的那个宰相尼扎姆的孙子，他废黜了艾哈迈德·沙，拥立贾汗达尔·沙的儿子阿济兹为皇帝，史称"阿拉姆吉尔二世"。

这时，他已经 55 岁，事事听从权臣谢哈布丁的摆布，仍然像个囚徒。

国家混乱，招致外国入侵，阿富汗人打过来了。

二、阿富汗人的入侵

这时，阿富汗的统治者阿卜达里继续攻打印度。

公元 1756 年，阿卜达里第 4 次入侵印度。莫卧儿帝国将旁遮普、克什米尔、信德和锡尔欣德正式割让给阿富汗人。

公元 1759 年，阿卜达里第 5 次入侵印度，打败了反抗阿富汗占领军的马拉塔人。

公元 1764 年，阿卜达里第 6 次入侵印度，由于阿富汗国内出现动乱，他不得不撤兵回国。

公元 1767 年，阿卜达里第 7 次入侵印度，但是没能打败反抗阿富汗占领军的锡克人，自己的军队却因为欠饷而发生兵变。阿卜达里班师回朝后，锡克人在拉合尔重新建立了锡克王国。

阿富汗人的入侵，一次比一次失败。然而，反侵略的力量并不是来自莫卧儿帝国，而是来自各地的独立王国，或者是各民族的人民，莫卧儿帝国对印度半岛的影响，已经越来越小了。

三、阿拉姆吉尔二世被刺身亡

公元 1759 年，阿富汗的统治者阿卜达里第 5 次入侵印度，阿拉姆吉尔二世试图摆脱谢哈布丁的控制,被谢哈布丁派人刺死。

刺客是个克什米尔人。他告诉皇帝,有一个得道高僧住在费罗扎巴德以南两英里的一座被毁的要塞里。阿拉姆吉尔二世最喜欢僧人,听说有高僧住在城外,就前往拜访。到了要塞门前,克什米尔人取下皇帝的武器,让他进屋。不久,屋里就传出了呼救声。皇帝的女婿企图进屋救援,被埋伏的人制服并送进监狱。与此同时,一个乌兹别克狱卒抓住阿拉姆吉尔二世,砍下了他的头颅。然后,这个狱卒剥去皇帝的袍子,将皇帝的无头尸体从窗户抛了出去。皇帝的无头尸体在地上放了几个小时后,才被克什米尔人抬走。

之后谢哈布丁拥立奥朗则布的一个曾孙称帝,阿富汗统治者阿卜达里的军队已经攻到城下。于是,谢哈布丁逃往印度北部。这时,阿拉姆吉尔二世的儿子在比哈尔宣布继位,史称"沙·阿拉姆二世"(公元1759~1806年)。

四、卢比银币质量依旧优良

图4-9为阿拉姆吉尔二世1卢比银币,公元1754年在巴累利造币厂生产,重量为11.40克,正面币文是波斯文"阿拉姆吉尔";背面中间上方是在位年代"1"(公元1754年)。

图4-9　阿拉姆吉尔二世1卢比银币

公元1759年,即阿拉姆吉尔二世在位的第6年,皇帝被刺身亡。这一年,莫卧儿帝国的卢比银币依旧质量优良,符合阿克巴制定的货币质量标准。

阿拉姆吉尔二世的儿子沙·阿拉姆二世继位为莫卧儿帝国的皇帝，其货币质量仍然良好。

图4-10　沙·阿拉姆二世1卢比银币

图4-10为沙·阿拉姆二世1卢比银币，公元1781年在沙贾汗纳巴德造币厂生产，重量为11.22克，正面币文是波斯文；背面中间左方是在位年代"23"（公元1781年）。

第四节
莫卧儿帝国灭亡前夕发行的货币

阿拉姆吉尔二世被刺身亡后，他的儿子沙·阿拉姆继位。但是，沙·阿拉姆仍然不能改变权臣秉政的局面。甚至，他只能受英国殖民者的庇护，靠英国人给他的年金维持生活。然而，无论是英国殖民者还是各地的独立王国，都继续以莫卧儿帝国皇帝沙·阿拉姆的名义发行货币。

一、皇帝受到英国殖民者的庇护

公元1759年，阿拉姆吉尔二世被刺身亡，他的儿子沙·阿拉姆在比哈尔宣布继位，宫廷斗争持续不断。

公元1788年，沙·阿拉姆被权臣卡迪尔废黜，不得不投靠于英国殖民者的庇护之下，直到公元1806年去世。

史书记载，沙·阿拉姆在位 47 年，但是，其中有 18 年是作为流亡朝廷的皇帝，在英国殖民者的庇护之下，依靠从英国人那里领取年金维持生活。

即便在沙·阿拉姆流亡期间，印度半岛的许多封建王国（欧洲殖民者称之为印度土邦）甚至英法殖民统治者，仍旧以莫卧儿帝国皇帝的名义发行货币。

图 4-11　焦特普尔土邦 1 卢比银币

图 4-11 为焦特普尔土邦 1 卢比银币，公元 1789 生产，重量为 10.62 克，正面币文是波斯文"以沙·阿拉姆的名义"，上方是制造年代回历"1203"（公元 1789 年）；背面币文也是波斯文，下方是在位年代"31"（公元 1789 年）。

1789 年，沙·阿拉姆被权臣卡迪尔废黜。

焦特普尔土邦是印度西北拉其普特地区最大的土邦，其历史可以追溯到孔雀王朝。公元 1561 年，莫卧儿帝国皇帝阿克巴攻占了焦特普尔。在莫卧儿帝国后期，焦特普尔再度独立。

奇怪的是，尽管莫卧儿帝国的皇帝已经被废黜，法国殖民当局仍然使用皇帝的名义发行货币。

图 4-12 为法属印度 1 卢比银币，公元 1805 年在阿尔科特造币厂生产，重量为 11.49 克，正面币文是波斯文"以沙·阿拉姆的名义"，上横线左上方是制造年代回历"1220"（公元 1805 年）；背面币文也是波斯文"打制于阿尔

图 4-12　法属印度 1 卢比银币

科特"，中间偏右是在位年代"45"（公元 1805 年）。

二、阿克巴二世时期的货币

公元 1806 年，沙·阿拉姆二世去世，他的儿子阿克巴二世（公元 1806~1837 年）继位。此时，印度的大部分地区已经沦为英国的殖民地。

阿克巴二世努力与英国殖民者进行抗争。英国殖民者认为他只是英国的跟班，称他为"德里的皇帝"。

公元 1835 年，英国东印度公司不再以莫卧儿皇帝的名义发行货币，而是以东印度公司的名义自行制造货币，货币上的币文从波斯币文改为英文。阿克巴二世在将死前，派遣特使前往英国向维多利亚女皇抗议东印度公司对莫卧儿帝国的态度，但是无济于事。

公元 1837 年，阿克巴二世去世，他的儿子继位，便是莫卧儿帝国的末代皇帝——巴哈杜尔·沙二世。

阿克巴二世继位后，莫卧儿帝国已经无力发行货币，欧洲殖民者也不再使用莫卧儿帝国皇帝的名义发行货币，只有一些印度土邦依旧使用莫卧儿帝国皇帝的名义发行货币。

三、以莫卧儿帝国皇帝名义发行的货币

图 4-13　瓜廖尔土邦 1 卢比银币

图 4-13 为瓜廖尔土邦 1 卢比银币，公元 1807 年在瓜廖尔要塞造币厂生产，重量为 11.6 克，正面币文是波斯文"以穆罕默德·阿克巴的名义"，下方是五瓣花，上

方是制造年代回历"1222"（公元 1807 年）；背面币文是波斯文制造地点名称和在位年代"1"（公元 1807 年）。

瓜廖尔土邦位于印度半岛中部。公元 1807 年，即阿克巴二世继位的第 1 年，瓜廖尔土邦就制造了以阿克巴二世名义发行的卢比银币。

图 4-14 为巴罗达土邦 1 派萨铜币，公元 1857 年在巴罗达造币厂生产，重量为 8.0 克，正面币文是波斯文"以穆罕默德·阿克巴的名义"；背面币文

4-14　巴罗达土邦 1 派萨铜币

是那伽里文汉德罗的缩写，中间有阿拉伯式弯刀，下端是制造年代回历"1274"（公元 1857 年）。

公元 1837 年，阿克巴二世去世。所以，这种货币属于身后币。

巴罗达土邦位于印度半岛西部，由马拉特军人于 1721 年建立，所以货币上刻印有弯刀的徽记。

公元 1857 年，正值印度民族大起义，阿克巴二世的儿子、莫卧儿帝国的末代皇帝巴哈杜尔·沙二世被英国殖民者俘获，莫卧儿帝国灭亡。然而，就在这一年，巴罗达土邦依旧继续制造以阿克巴二世名义发行的货币。

四、具有银两货币性质的卢比

莫卧儿帝国后期的货币，主要是卢比银币。作为金属数量货币，卢比银币的质量长期保持稳定。其中的原因：首先，莫卧儿

帝国当局没有虚币敛财的政治实力；其次，造币权已经分散到各个独立王国和欧洲殖民者手里。在分散造币的情形下，金属货币不再依靠发行者的信用，而是依靠币材的金属价值发挥货币职能。所以，后期莫卧儿帝国的货币，在很大程度上已经不是金属数量货币，而是金属称量货币，与中国清朝银两货币制度下的白银货币十分相似。

当卢比银币具有信用性质时，即它的名义价值大于币材金属价值的时候，欧洲殖民者愿意以重金换取造币权。同时，因为卢比银币的信用来自它的发行者——莫卧儿帝国的皇帝。所以，欧洲殖民者在打制卢比银币时，在货币表面刻印有以莫卧儿帝国皇帝名义发行的币文。

当卢比银币不再具有信用性质、基本依靠币材价值行使货币职能时，英国殖民者就不再以莫卧儿帝国皇帝的名义发行货币，而是在货币上刻印英国国王的肖像，以宣扬英国殖民统治的权力。

第五章

独立王国发行的货币

　　自古以来，印度半岛就有许多封建世袭领地，由王公或国王统治，不受历代中央王朝统治者的支配，有时也臣服于中央王朝，属于藩邦性质的独立王国。

　　16世纪以来，欧洲殖民者占领了印度半岛的大片领土。这些独立王国被欧洲殖民者视为"印度土邦"。

　　可以说独立王国是相对中央王朝统治而言的地方藩邦政权，印度土邦则是相对欧洲殖民统治而言的当地土著政权。

　　莫卧儿帝国建立之前，这些独立王国有着各自独立的货币制度。莫卧儿帝国建立之后，这些独立王国逐步向莫卧儿帝国臣服，尽管有些独立王国保持着一定的独立性，但其货币制度也受到了莫卧儿帝国很大程度的影响。

第一节
北部独立王国发行的货币

　　莫卧儿帝国刚建立时，印度半岛北部有许多伊斯兰独立王国，如克什米尔苏丹国、古吉拉特苏丹国、马尔瓦苏丹国和信德苏丹国。这四个苏丹国有着各自不同的货币种类。莫卧儿帝国皇帝阿克巴统治印度北部时期，克什米尔苏丹国、古吉拉特苏丹国和马尔瓦苏丹国相继被莫卧儿帝国吞并，其各自独立的货币制度便逐步消失了。

✦ 一、克什米尔苏丹国

克什米尔（kashmir）在喜马拉雅山南麓，自公元 6 世纪起，经历了卡尔柯塔王朝、乌特帕克王朝等印度王朝。

克什米尔苏丹国始自斯瓦特王朝土王的大臣米尔扎·沙。公元 1346 年，斯瓦特土王去世，米尔扎·沙娶土王寡妻，自称斯瓦特苏丹，成立了克什米尔苏丹国。公元 1586 年，克什米尔苏丹国归附莫卧儿帝国。

克什米尔苏丹国的货币与其他苏丹国不同，银币名称"萨斯奴"（sasnu），理论重量为 6.2 克。

图 5-1 为克什米尔苏丹国沙姆斯·沙二世 1 萨斯奴银币，公元 1537~1538 年生产，重量为 6.16 克，正面币文在菱形框内，为阿拉伯文"克什米尔打制"；背面币文是阿拉伯文"最伟大的信仰领袖沙姆斯·沙苏丹"。

此时，莫卧儿帝国已经建立，但克什米尔苏丹国尚未被莫卧儿帝国吞并，仍然属于独立王国。所以除了萨斯奴银币，克什米尔苏丹国还流通铜币，被称为"克沙拉"（kesarah）。

图 5-2 为克什米尔苏丹国哈桑·沙 1 克沙拉铜币，公元 1472~1484 年生产，重量为 5.3 克，正面币文是阿拉伯文，圆结

图 5-1　克什米尔苏丹国沙姆斯·沙二世
1 萨斯奴银币

图 5-2　克什米尔苏丹国哈桑·沙
1 克沙拉铜币

中圆点；背面币文是阿拉伯文。

二、古吉拉特苏丹国

公元 1396 年，德里苏丹国的古吉拉特总督穆扎法尔·汗宣布独立，建立了古吉拉特（gujerat）苏丹国。此后，穆扎法尔·汗的儿子艾哈迈德·沙将其首都定在艾哈迈德达巴德。公元 1576 年，古吉拉特苏丹国被莫卧儿帝国皇帝阿克巴吞并，成为莫卧儿帝国的一个行省。

古吉拉特苏丹国使用坦卡银币。莫卧儿帝国建立之后，古吉拉特苏丹国因靠近莫卧儿帝国境地，受到了莫卧儿帝国沙鲁克希银币制度的影响，古吉拉特苏丹国制造和使用一种轻坦卡银币，质量与沙鲁克希银币相仿。

图 5-3 为古吉拉特苏丹国穆扎法尔·汗三世轻坦卡银币，公元 1571 年在艾哈迈德达巴德造币厂生产，重量为 4.74 克，正面币文是波斯文；背面币文也是波斯文，右侧中部有制造年代回历 "978"（公元 1571 年）。

图5-3　古吉拉特苏丹国穆扎法尔·汗三世
轻坦卡银币

三、马尔瓦苏丹国

马尔瓦（malwa）苏丹国位于印度半岛中北部，原是拉其普特巴拉马拉王朝的领地，波耶国王曾在这里建立波普尔城，公元 1200 年被德里苏丹国覆灭。帖木儿洗劫德里苏丹国后，公元

1401 年，德拉瓦汗在这里宣布独立，建立了马尔瓦苏丹国，首都设在曼都。公元 1518 年，马尔瓦苏丹国被古吉拉特苏丹国打败。公元 1562 年，莫卧儿帝国皇帝阿克巴攻占马尔瓦苏丹国，使其成为莫卧儿帝国的行省。

图 5-4 马尔瓦苏丹国马哈茂德·沙 1 坦卡方形银币

图 5-4 为马尔瓦苏丹国马哈茂德·沙 1 坦卡方形银币，公元 1458 年在沙迪亚巴德造币厂生产，重量为 10.9 克，正面币文是波斯文"世界和信仰的仁慈高贵的苏丹"；背面币文是波斯文"胜利者之父，卡尔吉·马哈茂德·沙"。

除了坦卡方形银币，马尔瓦苏丹国还流通铜币，名为"falus"（弗鲁斯）。

图 5-5 为马尔瓦苏丹国穆罕默德·沙二世 1 弗鲁斯铜币，公元 1523 年生产，重量为 8.35 克，正面币文是波斯文"卡尔吉的穆罕默德·沙

图 5-5 马尔瓦苏丹国穆罕默德·沙二世 1 弗鲁斯铜币

是纳赛尔之子"；背面币文是波斯文"苏丹之子"，右下方是制造年代回历"930"（公元 1523 年）。

四、信德苏丹国

信德（sind）苏丹国位于印度半岛西北部，印度河入海处，是伊斯兰教最先进入印度的区域。所以，信德苏丹国的货币采用

阿拉伯货币制度。公元 9~11 世纪，信德苏丹国流通 1/4 狄尔汗银币，币文为埃米尔的姓名。

图 5-6 为信德苏丹国穆罕默德·沙 1/4 狄尔汗银币，公元 9~11 世纪生产，重量为 0.61 克，正面币文是阿拉伯文"穆罕默德真主使者"；背面币文是阿拉伯文"穆罕默德统帅和其胜利寓于真主"。

图 5-6　德苏丹国穆罕默德·沙 1/4 狄尔汗银币

币文中的穆罕默德是当时信德苏丹国的国王，被称作"埃米尔"。所以，这种银币被称为"埃米尔式银币"。

埃米尔是阿拉伯语音译，意思是"受命的人"或"掌权者"，是伊斯兰教国家对上层统治者、王公、军事长官的称呼。

突厥在历史上也使用过这个封号，旧译"异密"。阿拉伯帝国倭马亚王朝时期，国家元首哈里发所属各地封建领主及各行省最高长官总督也被称为埃米尔。在现代，巴林、科威特、卡塔尔等国家的元首被称作埃米尔。

狄尔汗的理论重量是 1/10 阿拉伯磅。1 阿拉伯磅为 350 克，1 狄尔汗的理论重量是 2.92 克，1/4 狄尔汗的理论重量是 0.73 克。这种信德苏丹国的埃米尔式银币的平均实际重量明显低于理论重量。

此外，信德苏丹国当时还流通吉塔尔低银合金币。

图 5-7 为信德苏丹国穆罕默德 1 吉塔尔低银合金币，公元 1249~1259 年生产，重量为 3.4 克，正面是战马头部向右，周围

是阿拉伯文；背面是那伽里文"斯里·穆罕默德·葛罗录"。

一般来说，吉塔尔币的特征是瘤牛骑像。信德苏丹国的吉塔尔低银合金币没有刻印瘤牛图案，却刻印了币文，呈现伊斯兰币特征。这种低银合金币之所以被归类为吉塔尔，是因为它遵循吉塔尔重量标准，即达哈拉重量标准，并且刻印了骑像图案。

图5-7　信德苏丹国穆罕默德
1吉塔尔低银合金币

吉塔尔与卡尼都是重量为1达哈拉的货币，两者的区别：吉塔尔是印度教货币，图案为瘤牛骑像；卡尼是伊斯兰教货币，没有图案，只有币文。印度流通的伊斯兰货币，币文一般是波斯文或阿拉伯文。公元13世纪，印度教货币吉塔尔在向伊斯兰教货币卡尼转化的过程中，出现了两种特征共存的情况：一面采用骑像图案，表示这种货币是在印度流通的；另一面采用伊斯兰教币文，表示这种货币是伊斯兰货币。

第二节
南部独立王国发行的货币

莫卧儿帝国建立之后，印度半岛北方的许多独立王国被莫卧儿帝国陆续吞并，而南方的一些独立王国却延续了较长的时期，其中主要有维查耶纳伽尔王国和高康达王国。

🐉 一、维查耶纳伽尔王国

维查耶纳伽尔王国（vijayanagar，公元 1336~1670 年）位于印度半岛南部，都城设在王国的北端，向北防御，向南发展，成为大国。维查耶纳伽尔又被译作"维贾亚纳加尔"。

维查耶纳伽尔王国历经了 4 个王朝：雅达瓦王朝（公元 1336~1486 年）；沙鲁瓦王朝（公元 1486~1505 年）；突鲁瓦王朝（公元 1491~1570 年）、阿拉维杜王朝（公元 1542~1670 年），其中阿拉维杜王朝与莫卧儿帝国前期在时间上并行。当时，莫卧儿帝国中央集权势力强大，国王胡马雍、阿克巴、贾汗·吉尔、沙·贾汗、奥朗则布相继在位。

维查耶纳伽尔王国使用印度本土苏瓦纳重量制度，最小的重量单位是拉蒂，钱币采用等于 32 拉蒂的达哈拉重量标准，称为"帕戈达"（pageda），理论重量为 3.426 克。

维查耶纳伽尔王国的帕戈达既有金币，也有银币。例如，雅达瓦王朝时期的帕戈达金币：

图5-8　维查耶纳伽尔布卡一世 1帕戈达金币

图 5-8 为维查耶纳伽尔布卡一世 1 帕戈达金币，公元 1354~1379 年生产，重量为 3.33 克，正面图案是武士或国王右行，右手高举；背面图案是坎纳达文"斯里·维拉·布卡拉雅"。

此时，莫卧儿帝国还没有建立。

除了帕戈达金币，维查耶纳伽尔王国还流通帕戈达银币。例如，阿拉维杜王朝时期流通的帕戈达银币。

图 5-9 维查耶纳伽尔梵卡塔三世 1/2 帕戈达银币

图 5-9 为维查耶纳伽尔梵卡塔三世 1/2 帕戈达银币，公元 1630~1642 年生产，重量为 1.7 克，正面图案是国王盛装站立在拱门内；背面图案是天城体梵文"斯里·梵卡塔·斯瓦拉耶拉马"。

此时，莫卧儿帝国的皇帝是沙·贾汗。

二、高康达王国

高康达（golconda）王国位于维查耶纳伽尔王国东北方，是从巴曼尼苏丹国独立出来的王国。巴曼尼又被译作"巴赫马尼"。

公元 1512 年，突厥人官员库特卜·沙脱离巴曼尼王国独立，建立了高康达王国，首都设在高康达（今海得拉巴附近）。高康达王国是伊斯兰教国家，却实行宗教宽容政策，任用印度教徒为高级官员。库特卜·沙的儿子易卜拉欣统治时期，莫卧儿帝国的军队多次入侵高康达王国，高康达王国遂成为莫卧儿帝国的属国。公元 1687 年，高康达王国被莫卧儿帝国皇帝奥朗则布吞并。此后，莫卧儿帝国逐步走向衰败，高康达则成为海得拉巴的首府。

高康达王国使用的是弗鲁斯（fulus）铜币。

图 5-10 为高康达王国穆罕默德·秋里 1 弗鲁斯铜币，公元 1603 年在海得拉巴德造币厂生产，重量为 17~18 克，正面币文

是波斯文；背面币文是制造年代回历"1012"（公元 1603 年）。

此时，莫卧儿帝国的皇帝是阿克巴。

图 5-10　高康达王国穆罕默德·秋里
1 弗鲁斯铜币

第三节
东部独立王国发行的货币

印度半岛东部也有许多独立王国，其中主要有孟加拉苏丹国、若肯王国、阿豪姆王国和库奇比哈尔王国。这些独立王国的货币主要是坦卡银币。由于印度半岛东部的独立王国较少受到西北方外民族入侵的干扰，所以商品经济比较繁荣，货币需求较大，坦卡银币便呈现明显的减重倾向。

一、孟加拉苏丹国

印度半岛的东部是孟加拉（bengal）。

布拉格汗是德里苏丹国巴尔班（奴隶王朝的第 9 任国王，公元 1266~1287 年在位）的儿子。公元 1282 年，布拉格汗建立了孟加拉苏丹国。经历了 42 位国君，近 300 年的统治，公元 1576 年，孟加拉苏丹国被莫卧儿帝国皇帝阿克巴派军队攻灭。

孟加拉苏丹国使用坦卡银币，理论重量为 11 克，在其大约

300 年的统治时期，基本保持了稳定。

图 5-11 为孟加拉苏丹国达乌德沙 1 坦卡银币，公元

图 5-11　孟加拉苏丹国达乌德沙
1 坦卡银币

1572~1576 年在孟加拉造币厂生产，重量为 11.1 克，正面币文是清真言；背面币文是波斯文"愿真主赐达乌德沙及其苏丹国统治千秋万载"，下方是那伽里文"斯里·达乌德沙"。

此时，莫卧儿帝国已经消灭了德里苏丹国，占据了印度半岛的北部。公元 1576 年，莫卧儿帝国皇帝阿克巴打败了达乌德沙的军队，吞并了孟加拉苏丹国。

二、若肯王国

若肯王国（arakan）位于孟加拉湾东岸，在孟加拉苏丹国以东的地方。孟加拉苏丹国被莫卧儿帝国吞并之后，若肯王国继续长期存在，使用的货币主要是坦卡银币。由于没有遭受战争，并且地处沿海，拥有海上贸易的便利，若肯王国的商品经济发展繁荣，货币呈现明显的减重趋势。

图 5-12　若肯王国瓦拉达姆王
1 坦卡银币

图 5-12 为若肯王国瓦拉达姆王（公元 1685~1697 年）1 坦卡银币，公元 1685 年生产，重量为 8.84~10.32 克。

图 5-13 为若肯王国波达夫帕耶王 1 坦卡银币，公元

1784 年生产，重量为 9.76 克。

图 5-13 若肯王国波达夫帕耶王
1 坦卡银币

🐉 三、阿豪姆王国

阿豪姆王国位于孟加拉苏丹国东南方，与若肯王国接近。

公元 13 世纪，缅甸北方掸邦人组织了 9000 多人的军队进攻阿萨姆（assam）邦，建立了阿豪姆（ahom）王国。

公元 15 世纪末，伊斯兰王朝企图入侵阿豪姆王国占据的雅鲁藏布江下游谷地，受季风湿热气候影响，无奈退出该地区。从此，阿豪姆王国长期处于独立地位。公元 18 世纪，阿豪姆王国受到英国军队的干预。公元 1892 年，阿豪姆王国并入英属缅甸，从此在英军的保护下生存。

图 5-14 为阿豪姆王国普拉马塔·辛哈 1 卢比银币，公元 1751 年生产，重量为 11.05 克，正面币文是 4 行天城体梵文，由左向右，由上向下读出："斯里·普拉·马塔·辛哈"，右下

图 5-14 阿豪姆王国普拉马塔·辛哈
1 卢比银币

角是制造年代萨卡历 "1671"（公元 1751 年）；背面币文是 4 行天城体梵文。

英国和法国在印度半岛上争夺霸权时，莫卧儿帝国的皇帝是穆罕默德·沙（公元 1719~1748 年）。

图 5-15 为阿豪姆王国高林纳塔·辛哈 1/2 卢比银币，公元

1780~1795 年生产,重量为 5.6 克,正面和背面都是 3 行天城体梵文。此时,莫卧儿帝国的皇帝是沙·阿拉姆二世。

图 5-15　阿豪姆王国高林纳塔·辛哈 1/2 卢比银币

四、库奇比哈尔王国

比哈尔(behar)位于孟加拉苏丹国北方。公元 15 世纪末,库奇(cooch)族的首领卡马塔击败比哈尔的伊斯兰苏丹,建立了库奇比哈尔王国。莫卧儿帝国强盛时期,库奇比哈尔王国成为莫卧儿帝国的附属国。

图 5-16　库奇比哈尔王国拉克西米纳拉扬 1 坦卡银币

图 5-16 为库奇比哈尔王国拉克西米纳拉扬 1 坦卡银币,公元 1587 年生产,重量为 9.97 克。此时,莫卧儿帝国的皇帝是阿克巴。

图 5-17 为库奇比哈尔王国德文德拉纳拉扬 1/2 坦卡银币,公元 1764~1766 年生产,重量为 4.62 克,正面和背面的币文都是孟加拉文。此时,莫卧儿帝国的皇帝是沙·阿拉姆二世。

图 5-17　库奇比哈尔王国德文德拉纳拉扬 1/2 坦卡银币

第四节
中部独立王国发行的货币

莫卧儿帝国建立的时候，印度半岛中部是巴曼尼（bahmani）苏丹国，并且已经开始逐步瓦解成为多个独立的小苏丹王国。

一、巴曼尼苏丹国

德里苏丹国图格鲁克王朝时期，德干高原发生叛乱。公元1347年，哈桑脱离德里苏丹国自立为王，史称巴曼尼·沙，都城设在库尔巴伽。此后，巴曼尼苏丹国与南方的维查耶纳伽尔王国在德干高原上对峙，形成北方伊斯兰教王国与南方印度教王国之间的对抗。

公元16世纪初期，巴曼尼苏丹国已经逐步瓦解成为多个独立的小苏丹国：比赖尔、比贾普尔、艾哈迈德纳伽尔、比达尔、高康达等。

巴曼尼苏丹国流通坦卡银币和大型铜币。

二、比贾普尔王国

比贾普尔（bijapur）王国位于维查耶纳伽尔王国的西北方，是从巴曼尼苏丹国中独立出来的王国。

公元1489年，突厥贵族出身的尤瑟夫·阿迪尔汗脱离巴曼尼苏丹国独立，建立了比贾普尔王国。比贾普尔王国经过两个世

纪的昌盛，于公元 1686 年被莫卧儿帝国皇帝奥朗则布吞并。比
贾普尔王国使用圆形铜币和棒形银币。

图 5-18 为比贾普尔王国
穆罕默德 1 坦卡铜币，公元
1627~1657 年生产，重量为
11.2 克，正面图案是叶圈中有
圆点；背面图案也是叶圈中有
圆点。

图 5-18　比贾普尔王国穆罕默德
1 坦卡铜币

此时，莫卧儿帝国尚处于强盛时期，皇帝是沙·贾汗。

图 5-19 为比贾普尔王
国阿里·阿迭尔二世 1/2 坦
卡银币，公元 1657~1672 年
在达波里造币厂生产，重量
为 4.9 克，银币表面打印君

图 5-19　比贾普尔王国阿里·阿迭尔二世
1/2 坦卡银币

王的姓名，银币的形状为细棒形，或称镊钳形。这种形状的银币
流行于波斯湾，后传入锡兰和印度半岛西海岸。

此时，莫卧儿帝国的皇帝是奥朗则布。

第六章

欧洲殖民者发行的货币

莫卧儿帝国建立的时候，欧洲殖民者已经进入印度了，最早开始在印度开展殖民运动的欧洲国家是葡萄牙。

公元 1498 年，葡萄牙的探险家达·伽马率领的远征船队抵达印度西南海岸卡利卡特，掀起了欧洲诸国向印度半岛殖民的大潮。除了葡萄牙，荷兰、丹麦、法国、英国等欧洲国家也都陆续进入印度，开展贸易，参与地方政治，建立殖民统治，并且发行自己的货币。

第一节

葡萄牙

公元 1 世纪初，罗马开始与印度进行贸易。罗马帝国衰败后，拜占庭帝国继续与印度进行贸易。公元 7 世纪，阿拉伯人开始控制欧洲与印度之间的陆路通道。欧洲的威尼斯商人和日内瓦人从阿拉伯人手里购买印度产品，利润大部分被阿拉伯人留取。为了建立与印度的直接贸易，获取直接贸易利益，欧洲各国都想避开陆路上的阿拉伯人，寻找直达印度的海上通道。为此，公元 1492 年，哥伦布奉西班牙统治者的命令，率领探险船队向西，企图绕过大西洋抵达印度。结果哥伦布到达美洲，发现了美洲大陆。公元 1498 年，葡萄牙的探险家达·伽马率领的远征船队绕过非洲，抵达印度西南海岸的卡利卡特，终于打通了欧洲通往印度的海上通道。从此，葡萄牙、荷兰、丹麦、法国、英国等国的殖民者相继涌入印度半岛，开始了在印度半岛上的殖民活动。

一、达·伽马抵达卡利卡特

公元 1498 年，帖木儿帝国王子巴布尔刚刚继任费尔干纳王位，夺取撒马尔罕，印度北部还在德里苏丹国的统治下，达·伽马的探险船队已经从葡萄牙出发，绕过非洲，到达印度西南部海岸卡利卡特（calicut），开辟了欧洲至印度半岛的航路。

达·伽马出生于葡萄牙锡尼什，青年时参加过葡萄牙与西班牙的战争，后来在葡萄牙的宫廷任职。公元 1497 年 7 月 8 日，受葡萄牙国王的派遣，达·伽马率领只有 3 条船和 1 条补给船的船队，从里斯本出发，出海探索通往印度的航路。他的船队经过加那利群岛，绕过好望角，经过莫桑比克、蒙巴萨、马林迪等地，于公元 1498 年 5 月 20 日到达印度西南部海岸卡利卡特。

当时非洲东海岸已经是伊斯兰教地区，达·伽马作为基督徒，与各地穆斯林频繁发生冲突。抵达印度西南部海岸后，达·伽马的团队仍然与穆斯林发生摩擦。尽管卡利卡特海岸的扎莫林国土著居民和国王都是印度教徒，但这里向西的贸易，大部分已经被伊斯兰教的阿拉伯商人垄断。因此，达·伽马这次航行的经济活动困难重重，没有获得多少经济利益。

但是，达·伽马的这次航行，开辟了欧洲去往印度的海上航路，在印度地区建立了商站，还将一些香料、肉桂和奴隶带回了葡萄牙。

🐉 二、在印度半岛建立殖民地

公元 1502~1503 年，达·伽马率领 23 条船的船队，再次到达卡利卡特。这一次，他的任务是在印度洋建立葡萄牙的海上霸权。他又一次圆满地完成了任务，成为葡萄牙的功臣。

公元 1510 年，葡萄牙派出的印度总督阿方索·德·阿尔布克尔克占领了果阿港，建立了殖民地。此后，葡萄牙在印度西海岸的迪乌、达曼、撒尔塞特、勃生、焦尔、孟买、马德拉附近的圣托梅、孟加拉的胡格利等地建立殖民地。此外，还控制了锡兰（现为斯里兰卡）的大部分地区。

公元 1524 年，达·伽马被葡萄牙国王任命为"印度总督"，管理葡属印度地区的事务。然而，达·伽马在抵达印度果阿后就感染了疟疾，死在了卡利卡特。

从此，葡萄牙获得了印度洋的海上霸权，在印度建立了许多商站，以军事力量控制当地各国国王，形成许多殖民地，这些殖民地被称为"葡属印度"。葡萄牙向葡属印度派驻总督，实施管理。并且，葡萄牙在这些地区发行货币，获取铸币利益。

🐉 三、葡萄牙货币的历史发展

公元前 2 世纪，葡萄牙开始铸币。罗马帝国时期，葡萄牙成为罗马帝国卢西塔尼亚省的一部分，生产刻有罗马元首肖像的货币。伊斯兰政权统治时期，葡萄牙成为科尔多瓦哈里发辖区的一部分，生产和使用阿拉伯货币。

公元 1128 年，阿方索一世成为葡萄牙的第一任国王，开始发行本地铸币——低成色的丁海罗（dinheim，相当于德涅尔）银币。费尔南多一世统治时期（公元 1367~1383 年），葡萄牙发行了多布拉（dobra）金币和里亚尔（riyal）银币。

公元 15 世纪初期，葡萄牙的主要货币是里亚尔银币和塞蒂尔（ceitil）铜币，1 枚里亚尔银币的价值为 6 枚塞蒂尔铜币。

在阿方索五世统治时期（公元 1438~1481 年），恩里克王子领导着海洋探索，使葡萄牙垄断了非洲几内亚海岸的黄金，因此生产了一种价值 400 里亚尔的金币——克鲁扎多（cruzado）。同时期发行的银币被称为里亚尔格罗索（real grosso），价值 20 里亚尔。曼努埃尔一世统治时期（公元 1495~1521 年），葡萄牙生产了一种更贵重的金币——葡萄牙兹（portugues），价值等于 10 枚克鲁扎多，即 4000 里亚尔。此后，葡萄牙又生产了葡萄牙兹银币和里亚尔铜币。

里亚尔原本是银币单位。公元 15 世纪初期，葡萄牙以新的里亚尔作为其最大面额币，以低成色的银里亚尔布兰可（real branco）为小面额币。此时的葡萄牙已经开始建立海上霸权，成为世界强国，葡萄牙的里亚尔随之成为欧洲的主要记账单位。

当里亚尔银币转为铜币时，被称为"雷阿尔"（real），又译作"里亚尔"，复数形式是雷斯（reis）。

四、在印度殖民地发行的货币

公元 1510 年，葡萄牙占领果阿后立即发行了金币"克鲁扎多"（cruzado）和"曼努埃尔"（manoel）。

克鲁扎多的意思是"十字架"，钱币正面图案是空心十字

架。克鲁扎多是葡萄牙金币，其价值和重量都与印度当地的塔币
（hon）相同。公元8~10世纪，果阿属于拉希特拉库塔王朝的领地。
塔币是拉希特拉库塔王朝创建的金币形制，一直在当地流通。葡
萄牙殖民者在果阿发行葡萄牙金币克鲁扎多，旨在取代当地流通
的塔币。

　　当时葡萄牙的国王，史称曼努埃尔一世（公元1495~1521年）。
在他的统治下，葡萄牙开启了欧洲至印度半岛的海上航路，并获
得了在印度洋上的海上霸权。葡萄牙殖民者制造的曼努埃尔金币，
正面图案是基督骑士团十字，背面图案是国王曼努埃尔的浑天仪
装置。

　　葡萄牙国王塞巴斯蒂安一世统治时期（公元1557~1578年），
葡萄牙在印度发行了一种价值300里亚尔的银币。这种银币被称
为"巴斯蒂安德"（bastiad）或"谢拉菲尔姆"（xerafirm）。早期银
币上刻印圣徒像，公元1730年以后，改为刻印葡萄牙国王像。
谢拉菲尔姆银币与当地的坦卡银币重量一致，理论重量为11克。

　　图6-1为葡属印度若昂四
世（公元1640~1656年）1谢拉
菲尔姆银币，于果阿造币厂生
产，重量为11克，正面图案是
葡萄牙纹徽，有"GA"两个字
母；背面图案是圣徒菲利普站

图6-1　葡属印度若昂四世
1谢拉菲尔姆银币

像，两侧是"S"和"F"，下方是制造年代公元"1642"年。

　　谢拉菲尔姆银币最初刻印的圣徒是圣塞巴斯蒂安（公元
256~288年）。塞巴斯蒂安是天主教圣徒，原本是古罗马禁卫军

队长，在三世纪基督教遭遇迫害时期，被罗马帝国皇帝戴克里先下令乱箭射死。但是，奇迹发生了，塞巴斯蒂安没有被射死。一个名叫埃瑞妮的寡妇在埋葬他时，发现他还活着，于是就把他带回了家，并帮助他恢复了健康。

莫卧儿帝国统治时期（公元1526~1857年），即便是帝国强盛时期（公元1526~1707年），葡萄牙及其他欧洲殖民者在印度的殖民活动也一直都没有停止，他们在印度各地建立殖民地，发展贸易，发行货币。

葡萄牙殖民者在印度发行的主要货币是谢拉菲尔姆银币，后来发行卢比银币。此外，葡萄牙殖民者在印度还发行了铜币。这种铜币便是从里亚尔转变过来的雷斯铜币。直到公元19世纪中叶，印度的葡萄牙殖民者还在使用雷斯铜币。

图6-2　葡属印度葡萄牙女王玛利亚二世15雷斯铜币

图6-2为葡属印度葡萄牙女王玛利亚二世15雷斯铜币，公元1843年在达曼造币厂生产，正面图案是葡萄牙纹徽；背面中间币文"15R D"为"15雷斯"和造币厂地名"达曼"的缩写。

雷斯铜币是谢拉菲尔姆银币的辅币，1谢拉菲尔姆银币等于300雷斯，或者20枚价值15雷斯的铜币。

最初，葡萄牙殖民者在其殖民地区发行货币，刻印有明显的葡萄牙标志，为的是取代当地原有的货币。然后，葡萄牙殖民者发行的货币，表面刻印了基督教的标志，具有宣传其殖民文化的作用。基督教标志主要有圣腓力（十二使徒之一）肖像、圣约翰

（十二使徒之一）肖像、圣乔治（因反对戴克里先迫害基督徒而被杀的罗马骑兵军官）十字架、耶稣十字架、圣托马斯（十二使徒之一）十字架等。后来，这些货币上的圣徒肖像被改为葡萄牙国王肖像。

葡萄牙殖民者在发行与当地银币"坦卡"（tanka）重量一致的银币谢拉菲尔姆的同时，还发行了刻印有箭头图案的银币"坦噶"（tanga），使之与当地银币在形制上更加一致。公元1619年，葡萄牙人在印度发行了"布扎鲁科"（buzarucco）银币，面额有10布扎鲁科、20布扎鲁科和30布扎鲁科等。公元1775年，2谢拉菲尔姆银币上引用了单词"卢比"（rupiya）。此后，葡属印度货币的面额开始以卢比计算。

公元1857年，莫卧儿帝国灭亡。公元1869年，果阿造币厂被关闭。随后，葡萄牙的印度货币由孟买的英国造币厂接管生产。

然而，果阿作为葡萄牙在印度的殖民地首府和军事基地，一直延续到印度共和国成立都没有撤退。直到公元1961年，印度共和国派出海陆空三军攻打果阿，3000多名葡萄牙人成为战俘，果阿等葡属殖民地才被印度共和国收复。

第二节
荷　兰

公元17世纪，荷兰成为世界海上霸主。当时，荷兰不仅在海洋贸易方面处于世界领先地位，其军事扩张范围也令世人瞩目结舌。荷兰在东方的殖民活动，不仅限于印度，而且基本包括大部分东南亚地区。荷兰殖民者在东方发行的货币，没有采用荷兰本国的货币制度，而是采用殖民地当地的货币制度。

一、荷兰东印度公司的建立

公元 1595 年，葡萄牙人进入印度半岛近一个世纪后，荷兰人才开始在印度设立贸易公司。公元 1602 年，荷兰人建立了"东印度公司"，总部设在雅加达（今印度尼西亚首都），管理印度半岛及东南亚地区的经营活动。荷兰语称雅加达为"巴达维亚"。

荷兰东印度公司是第一个在印度可以自己组建佣兵的外国公司。17 世纪 20 年代，荷兰东印度公司开始使用残暴的武力在亚洲各地进行掠夺和扩张。他们不惜驱逐当地的原住民，甚至将原住民杀害。

荷兰人在孟加拉、马六甲和中国沿海地区建立自己的贸易据点。17 世纪 20 年代，荷兰东印度公司在澎湖列岛建立贸易据点，被明朝驱逐，因而转到中国台湾地区。

18 世纪末期，荷兰东印度公司与英国人之间不断爆发战争冲突。同时，荷兰国内对亚洲商品贸易的需求逐渐下降。于是，荷兰人将东印度公司解散了。

二、武力抢夺东方殖民地

公元 16 世纪，荷兰布鲁日、安特卫普和阿姆斯特丹等大型商业中心，将从葡萄牙进口的东方产品分销到德国及英国。这种贸易方式启发了荷兰直接与东方进行贸易获取更大利润的想法。

于是，荷兰的商船越来越多地驶向印度，荷兰人也建立了许多与东方进行贸易的私人公司。

公元1602年，这些公司被荷兰国会合并为荷兰东印度公司。公元1609年，荷兰东印度公司在普利卡特建厂。公元1616年，荷兰东印度公司又在苏拉特建厂。公元1661~1664年，荷兰从葡萄牙手中夺取了位于盛产胡椒的马拉巴沿岸的所有早期定居点。至此，荷兰已经在马苏利帕塔姆，以及科鲁曼达尔海岸拥有工厂，还在胡利格，卡西姆巴扎尔，孟加拉的达卡，比哈尔的巴特那，北印度的苏拉特、阿哈默德巴德、阿格拉等地拥有工厂。

公元1652~1654年、公元1665~1667年与公元1672~1674年，荷兰与英国之间进行了3次激烈的海战。公元1672~1713年，荷兰与法国之间连续不断的战争，给了荷兰沉重的打击，荷兰不得不放松对印度海岸的控制。

公元1795~1811年的法国大革命时期，英国夺取了荷兰在印度的所有殖民地。

三、荷兰货币的历史发展

公元前2世纪，南尼德兰地区在被合并到罗马之前，属于凯尔特比利时的领土。西罗马帝国灭亡后，法兰克王国统治这一地区，发行过大量的德涅尔银币。公元12世纪晚期，当地开始仿制英国银币。

公元14~15世纪，南尼德兰诸邦的银币被称为"格鲁特"，金币被称为"古尔登"。

由于新教的传播和当地人民反抗西班牙的统治，荷兰爆发大起义。公元 1573 年，荷兰诸邦以菲利普二世名义发行了德涅尔铜币。

公元 1575 年，尼德兰北方 7 省脱离菲利普二世独立。公元 1581 年，尼德兰北方 7 省统一为荷兰共和国。荷兰共和国初期的货币是达尔德（daalder）银币，荷兰语称丹麦的大银币"塔勒"为达尔德。

公元 1606 年，荷兰共和国颁布一项货币法令，确立了主要货币体系：银币斯图弗（stuiver）面额有 1 斯图弗、2 斯图弗、10 斯图弗等；金币杜卡特价值为 68 斯图弗；银币达尔德价值为 47 斯图弗；小面额铜币杜伊特（duit）价值为 1/8 斯图弗。即 1 斯图弗银币 =8 杜伊特铜币。

四、在印度殖民地发行的货币

荷兰共和国成立后，立即开始向东方发展，努力开拓东方殖民地和海洋贸易。荷兰的海洋运输以信用和低价闻名于世，被称为"海上马车夫"。但是，荷兰共和国由尼德兰北方 7 省诸邦联合而成，并没有历史悠久的货币制度。所以，荷兰殖民者在印度发行的货币并不是荷兰的货币，而是采用了印度南部当地的货币。

荷兰殖民者在印度东南海岸的港口城市纳加帕蒂南造币厂打制了法兰（fanam）金币。法兰是印度南部 9 世纪创建的一种金币单位，理论重量为 1/8 达哈拉，即 3.426 克 ÷8=0.428 克，实际平均重量为 0.4 克。

图 6-3 为荷属印度 1 法兰金币，公元 1700~1784 年在科钦造

币厂生产，重量为 0.44 克，正面图案是迦梨（kali）女神的变形；背面图案是野猪。

图 6-3　荷属印度 1 法兰金币

图 6-4　荷属印度 1 法兰银币

荷兰殖民者在印度西南海岸的港口城市科钦造币厂还打制了法兰银币。

图 6-4 为荷属印度 1 法兰银币，公元 18~19 世纪在科钦造币厂生产，重量为 0.4 克，正面图案是野猪；背面是迦梨女神的变形。

此外，荷兰殖民者在科钦造币厂打制了拉希（rasi）铜币，重量为 11 克，图案风格与法诺金币一致，也是荷兰殖民者仿照当地铜币形制打制的。拉希铜币系从坦卡铜币演化而产生。拉希又被称为"卡什"（cash），与英文的现金是同一个词。

图 6-5 为荷属印度 1 拉希铜币，在科钦造币厂生产，重量为 11 克，正面图案是迦梨女神的变形；背面图案是野猪。

图 6-5　荷属印度 1 拉希铜币

除了采用当地银币和当地铜币的形制打制货币，荷兰殖民者还在印度使用荷兰货币——杜伊特铜币。

图 6-6 为荷兰殖民者输入印

图 6-6　荷兰殖民者输入印度的杜伊特铜币

度的杜伊特铜币，公元 1736 年在荷兰西弗里斯兰造币厂生产，重量为 2.98 克，正面图案是西弗里斯兰双狮盾徽；背面图案是荷兰东印度公司 "VOC" 标志，下面是生产时间公元 "1736" 年。

这种铜币是在荷兰生产的，不仅在印度流通，而且在印度尼西亚及荷属各地流通。杜伊特铜币的价值在荷兰是 1/8 斯图弗，在各殖民地则是 1/4 斯图弗，体现了荷兰在各殖民地虚币敛财的政策。在荷兰价格低廉的铜币，被运到殖民地，价值增至 2 倍，用来收购殖民地物资和劳务，自然可以获得暴利。

第三节

丹　麦

丹麦是北欧小国，目前人口只有 600 万左右。作为力量薄弱的小国，丹麦人在印度的殖民活动以商务为主，很少采用军事行动。

一、殖民印度之前的丹麦

丹麦工国位于欧洲北部，简称丹麦，首都哥本哈根，总面积 4 万多平方千米，海岸线长 7314 千米。截至公元 2022 年 10 月，丹麦全国总人口为 591.1 万，以丹麦人为主，大多信奉基督教。丹麦是临海国家，擅长航海，历史上曾与罗马帝国进行跨海交易。当时的丹麦商船，亦商亦盗，在夏季纠众出海进行抢劫。据此，丹麦曾成为北海大帝国。

公元 793 年，丹麦海盗袭击了英格兰的林第斯法恩岛。此后，丹麦海盗对英格兰的侵扰规模越来越大。公元 871 年，丹麦海盗占领伦敦。公元 878 年，英格兰国王阿尔弗列德与丹麦海盗媾和，双方平分英格兰，丹麦移民在英格兰东北部建立"丹麦区"。

公元 985 年，丹麦形成统一王国。

公元 1016 年，丹麦国王克努特攻占英格兰全境，建立了版图包括挪威、英格兰、苏格兰大部和瑞典南部在内的"北海大帝国"。这个帝国在公元 1042 年瓦解。

公元 12 世纪中期以后，瓦尔德马一世（公元 1157~1182 年）开创了强盛的君主专制封建王朝，通过侵略战争占据了爱沙尼亚、易北河以北地区和果特兰岛。

公元 1397 年，丹麦女王玛格丽特一世（公元 1375~1412 年）主持召开了卡尔马会议，丹麦、瑞典和挪威组成联盟，即"卡尔马联盟"，丹麦处于统治地位。

卡尔马联盟共维持了 126 年。在此期间，丹麦为打破汉萨同盟对波罗的海不断扩大的经济支配权，经过长期战争后吞并了石勒苏益格和荷尔斯泰因。长期战争耗费了丹麦大量的财力，导致国内税负加重。同时，富豪贵族兼并土地引起农民暴动，14 世纪中叶黑死病又夺走近一半人口的生命。为平息不满和动乱，国王克里斯蒂安一世（公元 1448~1481 年）于公元 1468 年召集了四级会议寻求支持。但是各地的暴动，尤其是在瑞典的暴动连续不断。克里斯蒂安二世（公元 1513~1523 年）于公元 1520 年亲率重兵攻克了被瑞典独立派占领的瑞典首都斯德哥尔摩，并且屠杀了大批参与叛乱的瑞典贵族，触发了达拉纳起义。公元 1523 年，丹麦军队战败，瑞典宣布脱离卡尔马联盟独立。

二、与众不同的丹麦殖民者

莫卧儿帝国统治印度时期，正值欧洲列强发动向东方殖民的运动，丹麦自然不甘落后。但是，此时的丹麦已是日暮途穷，无力与列强进行军事竞争。所以，丹麦在印度殖民地采取非军事的商业掠夺方式。

公元 1616 年，继荷兰之后，丹麦也成立了东印度公司，总部设在哥本哈根，用来管理在东方的贸易和殖民活动。

公元 1618 年，丹麦派出的第一艘船"奥利桑德"号，离开丹麦前往印度，途中遭到葡萄牙人的袭击，消失于大海之中。丹麦人立刻派出更多船只，胜利抵达印度。

公元 1620 年，丹麦与印度坦焦尔的纳亚克（首领）缔结了一项条约。丹麦从纳亚克手里买到位于纳帕帕特以北 18 英里（1 英里 =1.609344 千米）的特兰奎巴海港（位于今印度南端的泰米尔纳德邦）和邻近的 15 个村庄，价格是每年缴纳 4000 卢比。第二年，丹麦东印度公司的一位船长在特兰奎巴建立了一座城堡，命名为"丹斯堡"（Fort Dansborg，意思是"丹麦人的城堡"）。在此后 150 年里，丹斯堡都是丹麦总督和其他官员的住所。

从此，特兰奎巴便成为丹麦在印度殖民地的大本营。丹麦开始在印度各地建立殖民地。

公元 1620~1845 年，特兰奎巴既是丹麦在印度的殖民地，也是丹麦东印度公司在亚洲的根据地。"特兰奎巴"在丹麦文里拼作"Trankebar"或"Trangebar"，其词源为泰米尔文的

"Tarangambadi"，意思是"浪潮歌唱之地"。

丹麦的印度殖民政策与其他欧洲国家不同，他们不参与当地的政治，始终保持与各方的和平关系，集中力量发展贸易。唯一的例外是，公元1807年，丹麦与英格兰之间发生了战争。英格兰驻印度马德拉斯（位于今印度泰米尔纳德邦）的军队攻占了特兰奎巴。

公元1814年，英格兰才把特兰奎巴还给丹麦。公元1845年，丹麦把特兰奎巴殖民地卖给英格兰，价格是200万克朗。

三、丹麦货币的历史发展

根据出土实物考证，公元2世纪罗马帝国的狄纳里银币和公元6世纪拜占庭帝国的索利多金币，都有流入丹麦。公元10世纪，北欧海盗时期，海盗经俄罗斯与阿拉伯帝国进行贸易，使阿拉伯狄尔汗银币大量流入丹麦。然而，丹麦开始制造自己的货币并不是仿照阿拉伯狄尔汗，而是仿照法兰克王国加洛林王朝的德涅尔银币。

公元11世纪初期，受英格兰影响，丹麦开始仿制英格兰白银便士。公元12世纪，丹麦仿制了德国的苞状币——凹陷芬尼。公元13世纪，丹麦的便士已经沦为铜币。

公元15世纪后期，丹麦的主要贸易伙伴汉萨同盟采用了价值12芬尼（pfennige）的斯基令（schilling）银币，丹麦也随之打制了斯基令银币。丹麦最早的金币是仿照英国的诺波尔金币打制的，并仿照莱茵兰（莱茵河左岸地区）打制了古尔登币，这种古尔登币价值32斯基令银币。

公元16世纪，丹麦随欧洲铸币潮流，采用古尔登大银币。

公元 1522 年，丹麦采用一种更大的钱币——达勒（daler）币。

公元 1544~1873 年，大体覆盖了莫卧儿帝国时期，又覆盖了丹麦在印度半岛进行殖民活动时期，丹麦的货币体系主要以里格斯达勒（rigsdaler）为大额货币，以马克（mark）和斯基令为小额货币，1 马克等于 16 斯基令。

腓特烈三世统治时期（公元 1648~1670 年），在其他北欧国家流行的银克朗（krone，1 克朗等于 4 马克）也成为丹麦的主要货币。公元 1670 年，丹麦开始发行杜卡特（ducat）金币，1 杜卡特等于 12 马克。

四、在印度殖民地发行的货币

自公元 1640 年开始，丹麦在印度开始发行货币。最早发行的货币是铅币，称为"卡斯"（kas），英文是"cash"。

图 6-7 为丹属印度 1 卡斯铅币，由特兰奎巴造币厂制造，正面币文是"DAN NABOYRG"（丹麦城），背面币文是"BEW IN THE BER"。

图 6-7　丹属印度 1 卡斯铅币

除了铅币，丹麦殖民者还在印度发行了银币。丹属印度最早发行银币的时间在克里斯蒂安五世统治时期（公元 1648~1670 年），称作"法诺"（fano），价值 80 卡斯。法诺源自印度南部货币单位"法兰"（fanam）金币，理论重量为 0.428 克。

印度货币史学家帕尔梅什瓦里说：

克里斯蒂安五世在位期间，开始铸造银币，银币被称为"法诺"，即法纳姆，已知最早的银币是公元1683年发行的。"法诺"
币符合当时南印度流行的货币体制，公元1755年，它被一种名为
"洛耶林"的新币取代。不过这只是名义上的变化，新币的面额
和法诺一样，即相当于八分之一的普通"锡卡"卢比或80"卡斯"
铜币。[①]

丹麦殖民者使用源自法兰金币重量标准的法诺银币，代表1/8
卢比的价值行使货币职能，即用8枚理论重量为0.428克的法诺
银币，总计3.426克的达哈拉重量白银，代表理论重量为11.53
克的卢比银币，显然这是一种虚币政策。

至于卡斯铜币，丹麦殖民者采用铅币制造，也是一种降低成
本的方式。而卡斯铅币的价值与铜币一致，都是1/80卢比银币。
所以，丹麦殖民者在印度制造卡斯铅币，也是一种虚币政策。

公元1755年，丹麦殖民者的"法诺"银币改称为"罗耶林纳"
（royliner），又被译作"洛耶林"。

图6-8为丹属印度2罗耶
林纳银币，公元1807年在特兰
奎巴造币厂生产，正面是国王
克里斯蒂安七世（公元1766~
1808年）标记"C7"；背面币文是
"2 ROYALINER，1807"。

图6-8　丹属印度2罗耶林纳银币

除了铅币和银币，丹麦在印度还发行了卡斯铜币。这种卡斯

①　［印］帕尔梅什瓦里·拉尔·笈多：《印度货币史》，石俊志译，法律出版社
2018年版，第196页。

铜币，虽然是使用铜金属制造的，但是属于提高名义价值的铜币，即在铜币上刻印其代表若干卡斯价值的面额，是将 1 枚铜币当作多枚卡斯铜币使用的货币。

图 6-9 为丹属印度 10 卡斯铜币，公元 1770 年在特兰奎巴造币厂生产，正面图案是王冠下有丹麦国王克里斯蒂安七世的姓名缩写；背面图案是王冠下有丹麦亚洲公司的缩写"DAC"，以及面额"X kas"（10 卡斯）、制造年代公元"1770"年。

图 6-9　丹属印度 10 卡斯铜币

丹麦在印度的势力较小，只有特兰奎巴一家造币厂，殖民公司只有"丹麦东印度公司"（DEIC），后改名"丹麦亚洲公司"（DAC），后又改名为"丹麦皇家殖民公司"（DRC）。

丹麦并没有把本土的货币引入印度，而是以印度当地的卡斯铅币作为基本价值单位，在印度殖民地打制了相当于 10 卡斯价值的铜币和相当于 80 卡斯铜币价值的法诺银币。

第四节

法　国

法国在印度占领的殖民地，集中在印度半岛东部的孟加拉、科罗曼德尔海岸，以及印度半岛南端的马拉巴海岸。法国殖民者在印度发行的货币，主要采用当地币制，后来又获得了制造莫卧儿式货币，即以莫卧儿帝国皇帝的名义发行货币的权力。

一、法国人在印度的殖民活动

　　法国在印度发动殖民活动的时间比葡萄牙晚了100多年。公元1642年，法国成立了东印度公司。公元1668年，法国的考察船抵达印度西海岸的苏拉特（今古吉拉特邦的港口城市），并在这里建立了在印度的第一个贸易站。

　　公元1672年，法国夺取了圣多马，不久便被荷兰驱逐了出去。后来，法国统治了孟加拉，但是英国来了，法国为了保护自己的利益与英国开战。

　　18世纪，法国的势力在印度不断壮大，与英国殖民者的冲突也在不断升级。法国开始派遣军队占据英国的统治地区。拿破仑统治法国时期（公元1804~1815年），法国可以打败英国。拿破仑倒台后，法国在与英国的战争中节节败退。最后，法国只好将其在印度的殖民地割让给其他有实力的国家。

二、法国货币的历史发展

　　法国位于欧洲的西端，其靠近地中海的地区，古代称其为"高卢"。公元前600年，大殖民时代，古希腊人在高卢建立了马萨利城（马赛），并在那里制造银币。

　　公元前4世纪末，马赛的货币是德拉克马银币、奥波银币和斯塔特金币。罗马统治时期，高卢地区使用罗马狄纳里银币。西罗马帝国灭亡后，西哥特人、勃艮第人、法兰克人使用仿制的罗马钱币。

初期，法兰克王国生产和使用拜占庭帝国货币，即索利多金币和特里米斯金币。公元 7 世纪末，法兰克王国的墨洛温王朝开始生产源于狄纳里的德涅尔银币。德涅尔银币又称便士，12 德涅尔银币价值等于 1 苏，20 苏等于 1 里夫。法兰克的"苏"，源自拜占庭帝国的索利多，里夫是法兰克语的里特。

公元 14 世纪，法国生产和使用埃居（ecu）金币，价值 16 苏。埃居这个词在法语中的意思是盾牌，因为该币图案中有盾形徽章，所以被称为"埃居"。

公元 15 世纪，英国亨利五世的军队占领巴黎，亨利五世宣布自己为法国国王。此后，亨利六世在法国发行白朗克（blanc）银币（价值 10 德涅尔）和萨路特（salut）金币（价值 25 苏）。

公元 16 世纪初，法国采用"泰斯通"（testoon）大银币（价值 10 苏）、1/4 埃居（价值 15 苏）和银法郎（价值 20 苏）。路易十三统治时期（公元 1610~1643 年），法国进行货币改革，采用路易多（louis d'or）金币（价值 10 里夫）和埃居银币（价值 60 苏）作为主要货币。

公元 1792 年，法兰西共和国成立，法郎成为基本货币单位，价值等于 100 生丁（centime）。

三、在印度殖民地发行的货币

公元 1700 年，法国殖民者在印度发行银币"法农币"，币文为"FLEUR-DE-LYS"（百合花纹章图案）。因为法农币上的文字是法语，所以它只适用本地治里（Pondicherry）及其辖区范围。本地治里是法国在印度的殖民地，位于印度东南部（今泰米尔纳德邦）。本地治里这个词，源于两个泰米尔语单词："putu"（新）和 "ceri"（村庄）。

公元 1705 年，法国殖民者决定根据当地流通的塔币的样式制造法国人的塔币。于是，法国殖民者在印度制造了 10 万枚塔币。这种塔币正面图案是拉克希米的肖像，背面图案有新月。克拉希米是印度教的财富女神，因此引起了法国教会的反对，这种货币被暂停流通。之后事情被交给巴黎总干事处理，巴黎总干事拒绝了教会的反对，将货币重新投入流通。

双方争执的结果是不再发行带有拉克希米肖像的塔币，转向申请莫卧儿帝国的许可，制造发行莫卧儿式货币。

公元 1718 年，法国开始与莫卧儿帝国谈判，要求获得莫卧儿式货币的造币权。此时，印度的英国殖民者因为拥有这项造币权而获取了大量的财富。

为了获得莫卧儿货币的造币权，法国东印度公司提出给阿尔乔特首领（纳瓦布）12000 卢比，但是首领要价为 25000 卢比和一些昂贵的礼物，导致谈判失败。

公元 1724 年和公元 1727 年，法国与莫卧儿帝国的两次谈判均告失败。

四、获得制造莫卧儿式货币的授权

公元 1736 年，法国驻印度总督杜马斯取得了成功，获得莫卧儿货币的造币权，代价是给当地首领 80000 卢比、法庭 25000 卢比、当地财政 15000 卢比，额外费 8000 枚金塔币。

法国人在本地治里制造的莫卧儿式卢比银币上刻印的造币厂

的名称是"阿尔乔特"（ARCOT，位于印度东南部，今泰米尔纳德邦），正面和背面都有莫卧儿帝国铭文及新月标志。这些货币是以莫卧儿帝国皇帝的名义发行的，这些皇帝有穆罕默德·沙、艾哈迈德·沙、阿拉姆吉尔二世和沙·阿拉姆二世。其中，以沙·阿拉姆二世的名义发行的货币在他去世时（公元1806年）还在发行，直至公元1840年造币厂关闭为止。

图6-10　法属印度莫卧儿式1卢比银币

图6-10为法属印度莫卧儿式1卢比银币，公元1757年在阿尔乔特造币厂生产，重量为11.5克，正面是波斯文"以阿拉姆吉尔二世名义"；背面也是波斯文"打制于阿尔乔特"，中间上方是在位年代"3"，表示阿拉姆吉尔二世继位的第3年，即公元1757年。

除了打制莫卧儿式银币，法国殖民者还打制了具有法国特色的银币比希（biche），或者称为派司（pice）。

1卢比=64比希=64派司

法国殖民者在印度发行的铜币被称为"doudo"（杜杜），1枚杜杜铜币的价值等于4卡什。

图6-11为法属印度1杜杜铜币，公元1836年在本地治里造币厂生产，重量为4.2克，正面图案是高卢鸡，下方是制造年代公元"1836"年；背面币文是3行泰米尔文"本地治里"。

图6-11　法属印度1杜杜铜币

第七章

英国殖民者
发行的货币

公元 17 世纪，英国殖民者在印度的马德拉斯、孟买和孟加拉建立管辖区，开始自主发行货币，继而获得了莫卧儿帝国的授权，制造能够在印度全境流通的莫卧儿式卢比银币，并从中获取了巨额的造币利益。

第一节
自主造币和获得授权

英国殖民者在印度发行货币，发生在公元 17 世纪中叶。

首先，英国殖民者采用印度南部地区货币形制发行银币，不久又发行了欧式铜币，然后向莫卧儿帝国申请授权发行莫卧儿式卢比银币。

一、英国东印度公司的殖民活动

英国在印度的殖民活动迟于葡萄牙大约 100 年。公元 1600 年，英国伊丽莎白一世女王批准英国东印度公司在东印度 15 年的贸易垄断权，从而集中了英印贸易活动。

公元 1613 年，英国东印度公司获得了莫卧儿帝国皇帝贾汗·吉尔的批准，即在印度建立一个工厂，且这个工厂设在孟买以北的苏拉特地区。

公元 1639 年，英国殖民者向印度土王租赁印度东海岸的马德拉斯，并逐步在印度东海岸形成了英国殖民管辖区。

公元 1668 年，英格兰及爱尔兰国王查理二世将他妻子凯瑟琳的嫁妆——孟买出租给了东印度公司。凯瑟琳是葡萄牙公主，嫁妆里包括中国茶叶和印度西海岸的孟买。不久，孟买取代苏拉特成为英国东印度公司在印度西海岸的主要据点，并开始在孟买周围形成英国殖民管辖区。

公元 1696 年，英国殖民者获得了孟加拉的管辖权。

于是，经历了在公元 17 世纪大约 100 年的努力，英国殖民者于印度获得了马德拉斯、孟买和孟加拉三个管辖区，在与欧洲各殖民国家的斗争中，占据了优势。

二、英国东印度公司自主造币

公元 1643 年，英国殖民者在马德拉斯首次发行印度南部地区形制的货币。当时，印度南部地区流通"塔币"，称作帕戈达（pagoda）。帕戈达这个词的意思是"塔"，因钱币表面经常刻印"塔"的图案。

由于印度北部地区经常受到外族的侵扰，货币制度也受到了外族货币的影响。而印度南部地区更多地采用印度本土重量制度，即按照苏瓦纳重量标准打制银币。帕戈达理论重量为 1/4 苏瓦纳，即 1 达哈拉，等于 32 拉蒂，折合 3.426 克。

帕戈达是金币，使用白银制造的帕戈达，是指代表帕戈达金币的价值行使货币职能的银币。

图 7-1 为英属印度 1/4 帕戈达银币，公元 1807 年生产，重

量为 10.58 克，正面图案是塔，周围有众星，左侧币文是英文

"quarter pagoda"（1/4 帕戈达），

右侧币文是波斯文"1/4 星"；背

面图案是田比湿奴（vishnu）神

像，两侧圆点，左侧币文为泰米

尔文"1/4 帕戈达"，右侧币文为

图 7-1 英属印度 1/4 帕戈达银币

泰卢固文"1/4 帕戈达"。

印度教有三大主神：梵天（brahma）、毗湿奴（vishnu）与湿婆（shiva）。梵天是创造之神，也称创世之神；毗湿奴是宇宙与生命的守护之神，也称维护之神；湿婆是三只眼的破坏之神，即鬼眼王，也称毁灭之神。

帕戈达的理论重量是 32 拉蒂，即达哈拉重量标准（3.426 克）。

1/4 帕戈达 =3.426 克 ÷4=0.86 克

1/4 帕戈达银币是代表 1/4 帕戈达金币价值行使货币职能的银币。例如，银币的实际重量为 10.58 克，则钱币金银比价为：

10.58 克 ÷（3.426 克 ÷4）=12.35

即 1 单位黄金的价值等于 12.35 单位白银的价值，基本符合金银比价的水平。

三、英国东印度公司打制欧式货币

公元 1672 年，英国殖民者在孟买造币厂开始打制欧式货币。这种货币后来在英国也有生产，用于英印贸易。

图 7-2 为英属印度 2 派司（pice）铜币，公元 1794 年在英国制

造，重量为 12.52 克，正面图案是"打包标志"，下方是制造年份"1794"年；背面图案是天平，下方币文是波斯文"公正"。

图 7-2　英属印度 2 派司铜币

这种铜币是在印度使用的货币，正面图案"打包标志"是海运货物标志。最初，这种标志表示货物从英国运往东印度公司。后来，这种标志表示货物的所有权属于东印度公司。最初，这种打包标志的图案是十字球，后来改为十字心形，心形内有 U（united）、E（east）、I（india）、C（company），意思是英国东印度公司。心形上方有一个"4"字，原本是"十"字，为了避免穆斯林商人对"十"字的敏感，所以在"十"字上面加了一撇，改成"4"字。

根据莫卧儿帝国货币制度，1 卢比的理论重量是 11.53 克，1 卢比银币等于 16 安那（anna）银币，1 安那银币等于 4 派司铜币，1 卢比银币等于 64 派司铜币。

所以，英属印度 2 派司铜币的价值是 1/2 安那银币。2 派司铜币的理论重量为：

11.53 克 ÷32=0.36 克

2 派司铜币的理论重量是 12.52 克。

在这里，钱币银铜比价为：

12.52 克 ÷（11.53 克 ÷32）=34.78

显然，英国殖民者在印度发行的铜币是不足值的。欧式派司铜币作为卢比银币的辅币，代表卢比银币一定分量的价值行使货币职能。

四、获得制造莫卧儿式货币的授权

英国殖民者租赁马德拉斯的时候，获得了与当地货币式样一样的货币制造。租赁孟买后，英国殖民者制造了印有英文铭文的货币。然而，这些货币没能得到广泛流通。所以，英国殖民者仍需要将金属币材运到莫卧儿帝国的造币厂，申请制造货币，或者自己仿造莫卧儿帝国的货币。但是，地方当局提出抗议，不准英国殖民者违法制造莫卧儿帝国的货币。于是，公元 1686年，英国东印度公司被英国国王詹姆斯二世批准发行与印度当地同等重量和同等纯度的货币。然而，这种操作在印度仍然是不合法的，英国东印度公司制造莫卧儿帝国的货币也需要得到当局的批准。

公元 1717 年，莫卧儿帝国皇帝法鲁赫·西亚尔批准英国东印度公司以法鲁赫·西亚尔皇帝的名义在孟买制造货币。

公元 1747 年，英国东印度公司又获得了在马德拉斯造币厂制造莫卧儿帝国货币的权力，钱币上的造币厂名称是"阿尔乔特"。

公元 1759 年，英国东印度公司获准在加尔各答建造自己的造币厂。公元 1764 年，英国东印度公司获得了在孟加拉管辖区制造莫卧儿帝国货币的权力。加尔各答造币厂以莫卧儿帝国皇帝的名义发行货币，钱币上的造币厂名为"穆尔希达巴德"。使用这些货币的人，主要是在孟加拉社会地位低下的人。

英国殖民者在印度使用莫卧儿帝国皇帝的名义发行货币 100多年后，获得了足够的政治实力和经济实力，便不再制造和发行莫卧儿式货币，改用英国统治形象的货币。

公元 1835 年，英国东印度公司采用英国货币形制在全印度范围内建立了新币制，将莫卧儿帝国皇帝的名字替换为英国统治者的头像。

第二节
马德拉斯管辖区发行的货币

公元 1639 年，英国殖民者从当地土王手中取得了马德拉斯管辖权。公元 1643 年，英国殖民者开始在马德拉斯发行印度南方式的帕戈达货币。公元 1717 年，莫卧儿帝国当局授权英国东印度公司打制莫卧儿式的卢比银币和 1/16 卢比的安那银币。英国殖民者在马德拉斯管辖区还打制了代表卢比银币一定分量价值的铜币和以卡什计量的弗鲁斯铜币。

一、以皇帝名义发行的卢比银币

公元 1707 年，莫卧儿帝国国王奥朗则布在位的第 50 年，英国东印度公司在马德拉斯管辖区奇纳帕坦造币厂生产了 1 卢比银币，重量为 11.45 克，接近卢比银币的理论重量 11.53 克。这时，英国东印度公司还没有得到莫卧儿帝国关于制造莫卧儿式货币的授权。所以，英国东印度公司以莫卧儿帝国皇帝名义发行货币还不合法。

图 7-3 为英属印度莫卧儿式 1 卢比银币，公元 1707 年在

奇纳帕坦造币厂生产，重量为11.45 克，正面币文是波斯文"以世界征服者奥朗则布的名义"；背面币文是波斯文"打制于奇纳帕坦"，右上侧是在位年代"50"（公元 1707 年）。

图 7-3　英属印度莫卧儿式 1 卢比银币

二、以皇帝名义发行的安那银币

公元 1717 年，莫卧儿帝国皇帝法鲁赫·西亚尔批准英国东印度公司以法鲁赫·西亚尔皇帝的名义在孟买制造货币。在此后的 100 多年里，英国东印度公司便以莫卧儿帝国皇帝的名义在印度发行货币。

除了卢比银币，英国东印度公司还发行了 1 安那银币，即 1/16 卢比的银币。与卢比银币相同，1 安那银币也是以莫卧儿帝国皇帝的名义发行的。

图 7-4 为英属印度莫卧儿式 1 安那银币，公元 1758 年在阿尔科特造币厂生产，重量为 0.73 克，正面币文为波斯文"以阿拉姆吉尔的名义"，上方是制造年代回历"1172"（公元 1758年）；背面币文是波斯文"打制

图 7-4　英属印度莫卧儿式 1 安那银币

于阿尔科特"，左上角是在位年代"6"（公元 1758 年）。

这时，莫卧儿帝国的皇帝是阿拉姆吉尔二世（公元 1754~1759 年）。

三、代表卢比银币流通的铜币

除了被莫卧儿帝国当局授权生产莫卧儿式的卢比银币和安那银币，英国东印度公司在马德拉斯管辖区还生产了代表卢比银币流通的铜币。

图 7-5 为英属印度 1/2 安那铜币，公元 1835 年在马德拉斯造币厂生产，重量为 12.35 克，正面币文是英文"东印度公司"，交叉花环中是英文"1/2 安那"，背面图案是东印度公司的纹徽，下方是制造年份公元"1835"年。

图 7-5　英属印度 1/2 安那铜币

这枚铜币的价值是 1/2 安那银币的价值。1/2 安那银币的价值是 1/32 卢比银币的价值，理论重量为：

11.53 克 ÷32=0.36 克

在这里，钱币银铜比价为：

12.52 克 ÷0.36 克 =34.78

显然，英国东印度公司在印度发行的铜币是不足值的，作为卢比银币的辅币，代表卢比银币的一定分量价值行使货币职能。

四、以卡什计量的弗鲁斯铜币

除了代表卢布银币的一定分量价值流通的铜币，英国东印度公司在马德拉斯还发行了以卡什（cash）计量的铜币。

图 7-6 为英属印度 10 卡什铜币，公元 1803 年生产，重量为

6.47 克，正面图案是东印度公司纹徽，周围币文是英文"东印度公司"，下方是制造年代"1803"；背面币文是波斯文"10 卡什"，线下是英文"X·CASH"（10 卡什）。这里的 10 卡什，即 10 弗鲁斯铜币。

图 7-6　英属印度 10 卡什铜币

第三节
孟买管辖区发行的货币

公元 1668 年，查理二世将他妻子凯瑟琳的嫁妆——孟买出租给英国东印度公司。公元 1672 年，英国东印度公司开始在孟买造币厂打制欧式货币。公元 1717 年，莫卧儿帝国授权英国东印度公司打制莫卧儿式货币。于是，英国东印度公司打制了大量的莫卧儿式卢比，孟买卢比便逐步成为全印度的通用货币。直到公元 1835 年，英国东印度公司才停止打制莫卧儿式货币。

一、葡萄牙语命名的美丽海湾

孟买是印度最大的海港，被称为印度的"西部门户"。

孟买原本的名字是孟巴。孟巴是印度教女神，是雪山女神的化身之一，是渔民的保护神。公元 16 世纪，葡萄牙人到达这个地方，给这个地方起的葡萄牙语名称是"bombaim"，意思是"美丽的海湾"。公元 1661 年，作为葡萄牙公主的嫁妆，孟买被转赠给英国，英文名称是"bombay"。

孟买位于印度半岛西面的阿拉伯海，原为海上的 7 个小岛。公元 16 世纪初，古吉拉特邦苏丹将此地割让给了葡萄牙殖民者。公元 17 世纪，英国得到它之后，将它改造成半岛，筑有桥梁和长堤与陆地相连。

孟买港是一个天然深水港，承担了印度一半以上的客运量，货物吞吐量也非常大。

二、印度的商业和娱乐之都

孟买是印度的商业和娱乐之都，拥有诸多银行、证券交易所，许多公司总部也设在此处，并且是印度影视业宝莱坞的大本营。

孟买有亚洲最长的首饰街"黄金市场街"，经营金银珠宝的大小商铺数不胜数，橱窗陈列的金银首饰琳琅满目，吸引着各地来往的商客和游人。

孟买有许多印度教的庙宇、清真寺和基督教、天主教的教堂，其中有巴布勒纳特古庙和湿婆神的石窟庙宇。每年在季风变换，雨季快要结束时，印度教徒都要到智慧之神——象头神的诞生地孟买海湾来欢度象神节。朝圣者抬着湿婆、雪山神女和他们的儿子象头神的塑像，在街头游行狂欢。

孟买是印度纺织业的发源地，也是世界上最大的纺织品出口港口。各种印度花布、麻纱，大多从这里上船运往世界各地。孟买是印度的经济中心、工业基地。孟买的工厂数目占全印度的15%，纺织工厂占全印度的 40%。

孟买市区背靠青山，面临大海，在月牙形的海岸上，一座座新式的高楼大厦和旧式楼宇交相错落。孟买市中心的维多利亚花园始建于公元 1861 年，园内有动物园、维多利亚和阿尔培博物院，以及一尊发掘出来的大石象。阿拉伯海之滨的"印度门"，是为了纪念英国国王乔治五世于公元 1911 年访问印度在此登陆而建造的，现在已成为孟买市的标志。

三、刻印东印度公司纹徽的欧式货币

公元 18 世纪，东印度公司在印度发行的铜币上多是刻印的海运商品打包标志。公元 19 世纪，东印度公司在印度发行的铜币上出现了英国东印度公司的纹徽。

图 7-7　英属印度 2 派司东印度公司纹徽铜币

图 7-7 为英属印度 2 派司（pice）东印度公司纹徽铜币，公元 1804 年在英国制造，重量为 12.95 克，正面图案是东印度公司纹徽，下方是制造年代公元"1804"年；背面图案是天平，下方币文是波斯文"公正"，以及制造年代回历"1219"（公元 1804 年）。

东印度公司纹徽中央是十字盾徽，上有站狮，两侧为持旗狮，飘带上是拉丁文箴言"在英国国王和议会的赞助下"。

四、在全印度流通的孟买卢比

公元 1717~1778 年，英国东印度公司在孟买制造了大量的卢比银币，孟买卢比银币也逐步成为全印度流通的货币。

图 7-8 为英属印度孟买卢比，公元 1742 年在孟买生产，重

量为 11.49 克，正面币文是波斯文"以穆罕默德·沙的名义"，以及打制年代回历"1155"（公元 1742 年）；背面币文为波斯文"打制于孟买"，五瓣花造币厂印记，中间右侧是莫卧儿帝国皇帝穆罕默德·沙在位年代"25"（公元 1742 年）。

图 7-8 英属印度孟买卢比

莫卧儿帝国皇帝穆罕默德·沙（公元 1719~1748 年）在位的第 25 年，即公元 1742 年，英国东印度公司在孟买生产了莫卧儿式卢比银币。

后来这种银币成了在全印度流通量最大的货币，被称为"孟买卢比"。

第四节
孟加拉管辖区发行的货币

公元 1696 年，英国东印度公司获得孟加拉管辖权。公元 1776 年，英国东印度公司通过奥德土王获得了在贝拿勒斯造币厂打制莫卧儿式货币的权力。

一、孟加拉管辖区发行的卢比银币

英国东印度公司在孟加拉管辖区制造以莫卧儿帝国皇帝名义发行的货币。

图7-9为英属印度孟加拉卢比，公元1806年在贝拿勒斯造

币厂生产，重量为11.3克，正面
币文是波斯文"以沙·阿拉姆的
名义"，右下方是制造年代回历
"1220"（公元1806年）；背面币
文为波斯文"打制于穆罕默德·巴
德·贝拿勒斯"，中间是莫卧儿帝

图7-9　英属印度孟加拉卢比

国皇帝沙·阿拉姆在位年代"48"（公元1806年）。

莫卧儿帝国皇帝沙·阿拉姆二世（公元1759~1806年）在这
一年去世，在位48年。

沙·阿拉姆二世去世后，英国东印度公司在孟加拉继续打制
了这类"身后币"（posthumous）。

二、孟加拉管辖区发行的摩赫金币

除了制造莫卧儿式银币，英国东印度公司还在孟加拉管辖区
制造和发行了莫卧儿式金币，即摩赫金币。

图7-10为英属印度莫卧儿
式1摩赫金币，公元1788年在
加尔各答穆尔希达巴德造币厂生
产，重量为12.36克，正面币文
是波斯文颂诗"宗教卫士，穆罕
默德·沙·阿拉姆"；背面币文是

图7-10　英属印度莫卧儿式
1摩赫金币

波斯文颂诗"蒙神之恩，集各地风土，打制此币"。这是英国东印
度公司在沙·阿拉姆二世时期制造的金币。

三、孟加拉管辖区发行的安那铜币

英国东印度公司在孟加拉管辖区发行的铜币是安那铜币。

安那是银币单位，即 1/16 卢比银币。用这个名字称呼铜币，是指铜币的价值为 1/16 卢比银币。

图 7-11 为英属印度 1/2 安那铜币，公元 1831~1835 年在加尔各答造币厂生产，重量为 12.95 克，正面币文上方是英文"1/2 安那"，下方是孟加拉文"1/2 安那"；背面币文上方是波斯文"1/2 安那"，下方是那伽里文"1/2 安那"。

图 7-11　英属印度 1/2 安那铜币

这枚铜币的价值是 1/2 安那银币的价值。1/2 安那银币是 1/32 卢比银币，理论重量为 11.53 克 ÷32=0.36 克。钱币银铜比价为：

12.95 克 ÷0.36 克 =35.97

显然，英国殖民者在印度发行的铜币是不足值的，作为卢比银币的辅币，代表卢比银币的一定分量价值行使货币职能。

四、在孟加拉进行军事掠夺的克莱武

英国东印度公司不仅在孟加拉实行经济掠夺，它的军队还对孟加拉进行军事掠夺。实行掠夺的人，就是被称为大英帝国最伟大的缔造者之一的传奇将军克莱武。

克莱武是英国东印度公司军队的军官，因为在孟加拉打败当地王公普拉西的军队，而被英国东印度公司任命为孟加拉总督，在孟加拉掠夺了大量财富。

公元 1757 年，孟加拉土王普拉西在法国人的支持下，对英国殖民统治发动了进攻。英国驻孟加拉军队的统领正是少将克莱武。他带领不足千人的英国军队和大约 2000 名印度籍雇佣兵，面对普拉西 7 万多人的大军，开始战斗。克莱武在开战前，买通了一个印度内奸，名叫贾法尔。

战争在大雨中进行，克莱武的军队已经为武器防潮做了准备，而普拉西的法国大炮却因受潮而不能使用，克莱武由此在战斗中取得了优势。开战后，内奸贾法尔临阵叛变，使普拉西的军队出现溃散。

于是，克莱武以少胜多，击败了普拉西的军队，完全控制了加尔各答。英国东印度公司任命克莱武为孟加拉总督，对孟加拉实行统治。在占领孟加拉期间，克莱武大肆掠夺，获得了大量财富。

公元 1762 年，克莱武回国，获得男爵的爵位，还被选为议员。他在英国议会上炫耀：

在我的脚下有富裕的城市，在我们手中有雄强的国家，在我一个人的面前打开了充满了金条银锭、珍珠宝石的宝库。我统共取了 20 万英镑。

公元 1764 年，英国东印度公司再次任命克莱武为孟加拉总督和驻印度英军总司令。

公元 1773 年，英国下议院指控克莱武在印度供职时盗窃公款和勒索财物。虽然英国议会以克莱武"对国家作出巨大贡献"而撤销了对他的诉讼，但他还是在伦敦自杀了。

据说，他的自杀并不是因为被诉讼而感到羞愧，而是因为无法忍受吸食鸦片毒瘾发作时的疼痛。

第八章

**印度土邦发行的
货币**

印度土邦发行的货币，主要是以莫卧儿帝国皇帝的名义发行的卢比银币、摩赫金币，以及作为辅币的派萨铜币。位于印度半岛南部的印度土邦，还发行了一些属于印度本土的货币，即遵循印度本土重量制度标准制造的货币，包括法兰、帕戈达和科里等。

<h1>第一节</h1>

<h1>印度土邦发行的莫卧儿货币</h1>

相对于欧洲殖民统治，特别是相对于英属印度而言，印度本土各地的政权是众多的印度土邦。

一、印度半岛各地的土著政权

自古以来，印度半岛就有许多封建世袭领地，由王公或国王统治，不受历代中央王朝统治者的支配，有时也臣服于中央王朝，属于藩邦性质的独立王国。

公元 1524 年，葡萄牙国王任命达·伽马为"印度总督"，管理葡属印度地区的事务。此后，荷兰、丹麦、法国、英国等欧洲国家的殖民者相继来到印度半岛，建立殖民统治。

公元 1526 年，突厥化蒙古人巴布尔率领大军攻灭印度北部的德里苏丹国，建立了莫卧儿帝国。在以后的100多年里，莫卧儿帝国的版图逐步扩大，占据了几乎整个印度半岛。

于是，印度半岛出现了三种统治共存的局面：各地独立王国、欧洲殖民统治和莫卧儿帝国。相对于莫卧儿帝国而言，各地封建世袭王国是藩邦性质的独立王国；相对于欧洲殖民统治而言，各地封建世袭王国是属于土著性质的印度土邦。

在莫卧儿帝国建立初期，曾经试图废除印度各地独立王国制度，但是没有成功，从此在各独立王国基本臣服的状况下对印度半岛实行统治。公元1707年，莫卧儿帝国皇帝奥朗则布去世，奥朗则布的子孙们相互攻伐，失去了中央统治的力量，于是，莫卧儿帝国对各地独立王国的统治从此名存实亡。

欧洲殖民者与莫卧儿帝国政权、各地印度土邦，以及来自不同欧洲国家的殖民势力，进行了100多年的反复较量，最终英国殖民者胜出。

此后，英国殖民者使用现代化武器控制了印度的各个地区，建立英属殖民地，称"英属印度"。与此相对应，印度半岛还有近600个印度土邦，占地面积为100多万平方千米。

二、印度土邦发行的卢比银币

印度北部、西北部和德干高原北部，印度诸土邦发行的货币以卢比银币为主；印度南方的迈索尔，发行和使用法兰银币；印度西部的古吉拉特，发行和使用科里银币。

公元18~19世纪，印度土邦发行的卢比银币，大多数是以莫卧儿帝国皇帝名义发行的。例如：

图8-1为法鲁克哈巴德土
邦1卢比银币，公元1792年在
艾哈迈德纳伽尔·法鲁克哈巴
德造币厂生产，重量为11克，

图8-1　法鲁克哈巴德土邦1卢比银币

正面币文是波斯文"打制于艾
哈迈德纳伽尔"，中间左侧是在位年代"31"；背面币文是波斯文
"以沙·阿拉姆的名义"，中间左侧是制造年代回历"1207"（公
元1792年）。

这枚卢比银币是以莫卧儿帝国皇帝沙·阿拉姆二世（公元
1759~1806年）的名义打制的。法鲁克哈巴德土邦位于印度半
岛北部正中，于公元1714年由阿富汗总督穆罕默德汗（公元
1714~1743年）创建，后来成为奥德土邦的属国。公元1801年，
法鲁克哈巴德土邦被纳入英属印度。

三、印度土邦发行的摩赫金币

与卢比银币相比，摩赫金币更多地依靠其币材黄金价值发挥
货币职能。因此，印度土邦发行的摩赫金币表面并不刻印以莫卧
儿帝国皇帝名义发行的币文。

图8-2为斋普尔土邦1摩赫
金币，公元1762~1763年在斯瓦
米马德哈浦尔造币厂生产，重量
为11.34克，正面币文是波斯文，
左下方是十字和四个珠点标记；

图8-2　斋普尔土邦1摩赫金币

背面币文也是波斯文，右上方是在位年代"4"，右侧为三叶造币厂印记。

斋普尔土邦位于印度半岛西北部。公元 16 世纪，斋普尔土王的祖先成为莫卧儿帝国的将领。公元 1728 年，马哈罗阇贾辛格二世建立斋普尔城。这枚金币背面币文中的在位年代"4"，可能是指斋普尔土王的在位年代，也可能是指莫卧儿帝国皇帝沙·阿拉姆二世（公元 1759~1806 年）的在位年代。

图 8-3 为奥德土邦 1 摩赫金币，公元 1819 年在纳基巴巴德造币厂生产，重量为 11.34 克，正面币文是波斯文，中间有制造年代回历"1235"（公元 1819 年）；背面是奥德土邦纹徽。

图 8-3　奥德土邦 1 摩赫金币

奥德土邦位于印度半岛东北部。公元 1720 年，莫卧儿帝国在当地的总督穆罕默德·阿明宣布独立。公元 1819 年，穆罕默德·阿明的后人海达尔（公元 1814~1819 年）自立为王。

四、印度土邦发行的各种货币

莫卧儿帝国强盛时期，印度半岛有许多臣服于莫卧儿帝国的独立王国。

莫卧儿帝国后期，这些独立王国被欧洲殖民者称作印度土邦。印度土邦时期，莫卧儿帝国的达姆铜币已经消失了，取而代之的是"派萨"铜币。

印度土邦的主要货币是卢比银币、摩赫金币和派萨铜币。

此外，印度半岛南部的一些土邦还按照印度本土重量制度标准发行法兰币和帕戈达币。印度半岛西部和西北部的一些土邦还发行了一种被称作"科里"的货币。

第二节
印度土邦发行的派萨铜币

在莫卧儿帝国皇帝阿克巴创建的货币体系中，铜币的单位名称是"达姆"，价值 1/40 卢比银币。莫卧儿帝国后期，达姆铜币消失了，派萨铜币取代了达姆铜币，价值是 1/64 卢比银币。派萨铜币的流通覆盖了几乎整个印度半岛。尽管众多印度土邦发行的派萨铜币质量参差不齐，但是作为卢比银币的辅币，其价值都是 1/64 卢比银币。

一、印度土邦存在时间的界定

在欧洲各国殖民者的眼里，印度半岛的众多封建世袭王国属于印度土邦。这种观点，应该在欧洲各国殖民者抵达印度半岛时就产生了。然而，当时印度众多封建世袭王国正在陆续臣服于莫卧儿帝国，成为莫卧儿帝国的藩邦，所以本书称其为独立王国。

随着莫卧儿帝国势力的衰败，欧洲各国殖民统治的加强，特别是英国殖民统治的一家独大，印度独立王国便逐步转为印度土邦。

有学者认为，印度独立王国与印度土邦这两个概念，在时间上的分界线是公元 1760 年，即莫卧儿帝国晚期，阿拉姆吉尔二世被刺身亡，他的儿子沙·阿拉姆继位并依靠英国殖民统治庇护的时候。公元 1760 年，印度土邦发行的铜钱已经不是达姆铜币，而是派萨铜币了。

二、马拉特联盟通用的派萨铜币

马拉特联盟是个印度教联盟，为了抵抗伊斯兰教而形成。马拉特人大多聚居在南亚次大陆中南部。公元 15 世纪，面对伊斯兰的入侵，马拉特人奋起抵抗。公元 17 世纪，马拉特人降服，成为比贾浦尔苏丹国的附庸。由于莫卧儿帝国皇帝奥朗则布压制印度教，崇尚伊斯兰教，马拉特人再次起来反抗。在奥朗则布的武力镇压下，马拉特人处于劣势。

公元 1707 年，奥朗则布去世，马拉特人的势力迅速崛起。公元 1738 年，帕什瓦人攻占马尔瓦，进攻德里，古吉拉特、奥里萨、孟加拉人纷纷加入，形成马拉特联盟。在货币使用方面，马拉特联盟加盟国制造的派萨铜币可以在联盟内通用。例如：

图 8-4 为马拉特联盟通用 1 派萨铜币，萨塔拉造币厂生产，重量为 14~15 克，正面和背面币文都是天城体梵文，意思是以西瓦吉土王名义发行。

图 8-4　马拉特联盟通用 1 派萨铜币

公元 18 世纪后期，在英国殖民运动的大潮下，马拉特联盟一部分成为英属印度，另一部分成为独立分散的土邦，其中有明斯拉、锡克、锡金、信德等。

图 8-5 为明斯克土邦拉戈基土王 1 派萨铜币，公元 1788~1816 年在柯塔克造币厂生产，背面图案是三叉戟标志。

图 8-5　明斯克土邦拉戈基土王
1 派萨铜币

三、迈索尔土邦的派萨铜币

迈索尔地区原本是印度教地区。公元 1761 年，迈索尔的穆斯林将军海达尔·阿里夺取王位，进入伊斯兰教统治时期。

图 8-6 为迈索尔土王海达尔·阿里（公元 1761~1782 年）1 派萨铜币，公元 1780 年在帕坦造币厂生产，重量为 12.18 克，正面图案是大象盛装站立；背面币文是波斯文"打制于帕坦"，左侧是制造年代回历"1195"（公元 1780 年）。

图 8-6　迈索尔土王海达尔·阿里
1 派萨铜币

图 8-7 为迈索尔土王提普·苏丹（公元 1782~1799 年）2 派萨铜币，公元 1798 年在那伽尔造币厂生产，重量为 21.45~22.81 克，正面图案是大象盛装站立，上方框内是制造年代圣诞历"1226"（公元 1798 年）；背面币文是波斯文"打制于那伽尔"。

图 8-7　迈索尔土王提普·苏丹
2 派萨铜币

提普·苏丹是海达尔·阿里的儿子，是海达尔·阿里王位的继承人。

四、班斯瓦拉土邦的派萨铜币

班斯瓦拉土邦位于印度半岛的西北部，靠近信德，在拉其普特南部。

图 8-8 为班斯瓦拉土邦 1 派萨铜币，公元 1844~1905 年生产，正面和背面都有神秘币文，无法辨识。

图 8-8　班斯瓦拉土邦 1 派萨铜币

第三节
印度土邦发行的法兰货币

除了发行莫卧儿帝国的卢比银币和摩赫金币，有些土邦还按照印度本土的重量制度标准发行法兰（fanam）币。

一、法兰货币的重量标准

法兰币是在印度半岛南部地区流通的一种货币。

印度半岛北部地区因受到外来民族的侵扰，货币制度带有外来民族的制度色彩。印度半岛南部地区则很少受到外来民族的侵扰，所以一般采用印度本土货币制度。

印度本土货币的重量大多采用达哈拉标准，即 32 拉蒂，3.426克。法兰币的重量标准是 1/8 达哈拉，即 4 拉蒂，0.428 克。

在印度半岛南部地区，无论是欧洲殖民者还是印度土邦，发行的法兰币有金币也有银币，重量都在 0.428 克以下，符合 1/8 达哈拉重量标准。

从各方面的资料来看，"法兰"是一个重量单位，而不是一个货币单位，它被用来描述一定的重量，而不是用来描述一定的价值。可以看到，被称为法兰的金币和被称为法兰的银币在重量上是基本一致的。

二、坦雅乌尔土邦的法兰货币

图 8-9 为坦雅乌尔土邦 1 法兰金币，公元 1678~1800 年生产，重量为 0.37 克，正面图案是匕首，手柄图案为日、月；背面图案是心形圈内连珠，上方有新月。

图 8-9　坦雅乌尔土邦 1 法兰金币

坦雅乌尔位于泰米尔纳德邦，是印度半岛南部的城市。

三、科钦土邦的法兰货币

科钦土邦位于印度半岛西南海岸，原为古国，公元 1663 年被荷兰占领。

图 8-10 为科钦土邦 1 法兰金币，公元 1600~1750 年生产，重量为 0.585 克，正面图案是野猪；背面图案是站狮。

图 8-10　科钦土邦 1 法兰金币

第四节

印度土邦发行的帕戈达金币和科里银币

印度半岛南端的迈索尔土邦按照印度本土重量制度标准发行帕戈达金币，而印度半岛西部和西北部的一些土邦还发行一种被称为科里（Koli）的银币。

一、印度半岛南端的迈索尔土邦

迈索尔土邦位于印度东南部的伽蒙迪山麓。迈索尔在卡纳达语中的意思是大魔神玛依刹居住的地方。牛头恶魔玛依刹统治这个地方的时候，百姓祈祷上天除掉这个恶魔。女神帕瓦提在伽蒙迪山上杀死了恶魔玛依刹，所以百姓在山顶修建了伽蒙迪女神庙。

许多封建王朝曾经在迈索尔建立都城，如嘎斯王朝、察路基亚王朝、洪雅拉斯王朝、维查耶纳伽尔王朝等。自中世纪起，沃德亚王朝（公元 1399~1950 年）开始在这里建立都城。

公元 1761 年，穆斯林将领海达尔·阿里（公元 1761~1782 年）夺取王位，开始了伊斯兰统治时期。

公元 1767~1799 年，英国殖民者对迈索尔土邦发起过四次侵略战争，海达尔·阿里和他的儿子提普·苏丹（公元 1782~1799 年）相继率领迈索尔军队进行了抵抗。这些战争持续了 30 多年，史称迈索尔战争。战争的结果是英国殖民者取得胜利，提普·苏丹战死。此后，在英国殖民者的扶持下，沃德亚王朝复辟。

公元 1950 年，印度共和国成立，迈索尔土邦加入印度共和国。

二、迈索尔土邦发行的帕戈达金币

迈索尔土邦位于印度半岛南部，发行遵循印度本土重量制度的货币——帕戈达金币，帕戈达金币采用印度达哈拉重量标准（3.426 克）。迈索尔土邦发行的帕戈达金币，符合达哈拉重量标准。

图 8-11 为迈索尔王国海达尔·阿里 1 帕戈达金币，公元 1761~1782 年生产，重量为 3.41 克，正面图像是湿婆和他的妻子帕尔瓦蒂（parvati，雪山神女）并坐像，湿婆手持三叉戟，帕尔瓦蒂手中持鹿；背面币文是波斯文"海"（he），代表海达尔·阿里。

图 8-11　迈索尔王国海达尔·阿里 1 帕戈达金币

海达尔·阿里曾经是迈索尔土邦的一名将军，信奉伊斯兰教。公元 1761 年，他夺取王位，使迈索尔成为伊斯兰王国，他发行的货币属于伊斯兰币。

公元 1782 年，海达尔·阿里去世，他的儿子提普·苏丹继位。提普·苏丹也发行帕戈达金币。

图 8-12 为迈索尔王国提普·苏丹 1 帕戈达金币，公元 1782 年在帕坦造币厂生产，重

图 8-12　迈索尔王国提普·苏丹 1 帕戈达金币

莫卧儿帝国货币简史

量为 3.4 克，正面币文是波斯文"海"，代表其父海达尔·阿里，右侧为在位年代"1"，表示提普·苏丹继位第 1 年；背面币文是波斯文"打制于帕坦"，下方是制造年代回历"1198"（公元 1782 年）。

公元 1799 年，提普·苏丹战死，德旺·普尔那伊亚摄政。公元 1810 年，克里希纳·罗阇·乌迪亚尔执政，继续发行帕戈达金币。

图 8-13　迈索尔王国克里希纳·罗阇·乌迪亚尔 1 帕戈达金币

图 8-13 为迈索尔王国克里希纳·罗阇·乌迪亚尔 1 帕戈达金币，公元 1810~1831 年生产，重量为 3.41 克，正面图案是湿婆和他的妻子帕尔瓦蒂并坐像，湿婆手持三叉戟，帕尔瓦蒂手中持鹿，上方图案是日、月；背面币文是 3 行天城体梵文"斯里·克里希纳·罗阇"。

三、库奇土邦发行的科里银币

库奇土邦位于印度半岛西北部。公元 1617 年，莫卧儿帝国皇帝阿克巴征服古吉拉特诸邦，库奇土王臣服于莫卧儿帝国。库奇土邦币制复杂，其中就有科里银币。

图 8-14 为库奇土邦 1 科里银币，公元 1856 年在希克造币厂生产，重量为 4.8 克，正面币文是

图 8-14　库奇土邦 1 科里银币

波斯文"以巴哈杜尔·沙的名义"；背面币文是两行那伽里文"斯里·罗·迪沙尔杰"，下方是制造年代旃陀罗历"1913"（公元1856年）。

巴哈杜尔·沙二世（公元1837~1857年）是莫卧儿帝国的末代皇帝。从这里来看，库奇土邦发行的科里银币，也是以莫卧儿帝国皇帝的名义发行的。斯里·罗·迪沙尔杰（公元1819~1860年）是库奇土邦的土王。

莫卧儿帝国灭亡后，库奇土邦延续到20世纪，至印度共和国建立前夕。这时候，银币已经使用机器制造了。

图8-15为库奇土邦1/2科里银币，公元1928年在布吉造币厂生产，重量为2.35克，正面币文是那伽里文，内圈上方是新月、三叉戟、腕刀图案，下方是制造

图8-15　库奇土邦1/2科里银币

年代旃陀罗历"1985"（公元1928年）；背面币文是波斯文，外圈币文是"印度国王乔治"，内圈币文是那伽里文。

此时的印度是英属印度，英国国王乔治五世兼任印度皇帝。

四、纳瓦那伽尔土邦发行的科里银币

纳瓦那伽尔土邦位于印度半岛西部，由库奇家族于公元1535年建立。

图8-16为纳瓦那伽尔土邦5科里银币，公元1890年生产，

图8-16　纳瓦那伽尔土邦5科里银币

重量为 14.03 克，正面图案是多条竖线，中间是制造年代旃陀罗历 "1947"（公元 1890 年）；背面币文是天城体梵文。

3 科里银币的理论重量：4.8 克 ×3=14.4 克，扣除制造成本和铸币税，纳瓦那伽尔土邦 3 科里银币的重量是 13.56 克，符合理论重量标准。

第九章

莫卧儿货币转向
共和国货币

当莫卧儿帝国灭亡，印度彻底沦为英国殖民地时，英国在印度发行的货币便不再以莫卧儿帝国皇帝的名义发行，而是以英国国王兼印度皇帝的名义发行了。相较过去各地印度土邦、欧洲各国殖民地各自发行货币的局面，英属印度货币发行相对统一，信用加强，银币成色便出现了大幅的下降。印度共和国成立后，印度开始统一发行国家货币，货币制造不仅从分散转为统一，并且从依靠币材金属价值发挥货币职能，转向依靠政府信用和法律支持发挥货币职能。

第一节
莫卧儿帝国的终结

英国殖民当局在印度的统治引起印度人民的强烈不满，终于爆发了印度民族大起义。起义军要求恢复莫卧儿帝国，拥戴有名无实的莫卧儿帝国末代皇帝巴哈杜尔·沙二世行使国家权力。当英国殖民当局的军队攻入起义军的中心德里，俘获巴哈杜尔·沙二世时，莫卧儿帝国正式灭亡。此后，英国女王兼任印度皇帝，印度彻底沦为英国的殖民地。

一、殖民统治造成的社会危机

公元 18 世纪中叶开始，英国利用印度的分裂状态，挑拨离间，收买内奸，武装干涉，分化瓦解，各个击破，用了大约 1 个世纪，使整个印度几乎沦为英国的殖民地，莫卧儿帝国名存实亡。

英国将印度变成它的粮食和工业原料供应地。印度农民失去了土地，成为新兴地主的佃户。高额的租税，残酷的掠夺，造成了印度农村田园荒芜，十室九空。英国殖民当局调动军队捕捉逃亡的农户。饥荒连年不断，原本十分富足的孟加拉地区，一次饥荒就有 1000 多万人饿死。

英国将廉价的工业品运到印度，挤垮了印度的手工业。大批手工业者破产，生活陷入绝境。

英国开始兼并印度土邦，此举侵害了印度各地王公和神职人员的利益。

英国在印度的殖民统治给印度各阶层人民都造成了深重的灾难，引起了印度本土居民的强烈不满，社会危机日益深重。

二、印度民族大起义的爆发

英国在征服和统治印度的过程中，征募了一支印度雇佣军。英国利用 24 万印度士兵统治着 2 亿印度人民，同时又利用 4 万英籍军官控制着这些印度士兵。

印度士兵大多来自倾家荡产的农民和手工业者，他们为生活所迫，不得已当兵卖命。在军队里，他们同样受到了英籍军官的压迫。

公元 1857 年，英国殖民当局——东印度公司采用动物油替代润滑油涂抹来福枪子弹。许多印度雇佣兵信仰伊斯兰教。当时的来福枪在安装子弹时，必须用牙齿咬破子弹的包装。印度雇佣兵咬到子弹上的猪油，自然会提出抗议，并与英国军官产生冲突。

公元 1857 年 5 月 6 日，米拉特一个骑兵连的 90 名印度籍士兵领到了涂油子弹，其中 85 名士兵拒绝使用这些子弹。于是，这些士兵被交付军事法庭审判，被判处 8~10 年的苦牢徒刑。为了营救这些士兵，印度籍士兵发动了起义。5 月 10 日，印度士兵趁英国人在教堂祈祷的机会，杀死英国军官，冲进监狱，放出囚犯。

起义士兵当天就进发德里，并宣布不做英国人的傀儡，恢复莫卧儿帝国。

之后起义者控制了德里市区，在红堡升起莫卧儿帝国的绿旗，拥立早已名存实亡的莫卧儿帝国末代皇帝巴哈杜尔·沙二世为印度皇帝，并以他的名义发布文告，号召全国人民不分宗教信仰，一致奋起驱逐英国殖民者。

三、莫卧儿帝国末代皇帝被俘

德里是印度全国的政治中心，是莫卧儿帝国的首都。此时，莫卧儿帝国已有 331 年的历史，印度人民将这里看作民族自由的象征。起义军在德里建立政权，发布各项法令，增强了起义的民族意义。

尽管如此，各地的起义军仍然不能团结起来。

公元 1857 年 6 月，英国殖民者的援军到了，开始向起义军的中心德里发动进攻。除了军事进攻，英国还发动了舆论战。英印总督坎宁发布公告：东印度公司当局从来没有干预任何人的宗教信仰，印籍士兵可以自己制造子弹。此外，英国殖民者还假借巴哈杜尔·沙二世皇帝的名义张贴布告，命令把所有的锡克人杀光，企图造成印度各民族之间的分裂。

锡克人果然中计，站到了英国殖民者一边。

9月，英军殖民者攻入起义的中心德里城，起义军撤退，德里失陷。巴哈杜尔·沙二世没有接受起义军随军突围的劝告，被英军俘获。英军抓住巴哈杜尔·沙二世的三位儿子和孙子，砍下了他们的头颅。

巴哈杜尔·沙二世见到自己子孙的头颅时说："感谢真主！帖木儿的子孙没有玷污自己的祖先！"

四、印度彻底沦为英国的殖民地

巴哈杜尔·沙二世被俘，标志着莫卧儿帝国的终结。公元1862年，巴哈杜尔·沙二世去世。

德里被英军攻陷，起义战争却还没有结束。

战争进行到1858年2月，英国通过了《印度政府法案》，英国王室取代东印度公司对印度直接进行统治，印度成为真正意义上的英国直辖殖民地。

公元1876年，印度成为英国的"印度帝国"，英国女王维多利亚加冕为"印度女皇"。

公元1858~1947年，英国在南亚次大陆建立的殖民统治区域，包括印度、孟加拉、巴基斯坦和缅甸，这些地区当时被称作"英属印度"。

英属印度期间，印度先后成为国际联盟和联合国的初始会员国。期间，印度地区并非全都在英国的直属控制下，还有一些名义上"独立"的小国分散在各处，被称为"印度土邦"。公元1947年，英属印度解体，诞生了印度和巴基斯坦两个国家，史称"印巴分治"，这些印度土邦才被归入印度或巴基斯坦而不复独立存在。

第二节
英属印度发行的货币

欧洲殖民者在印度半岛的竞争中，英国取得胜利。除了英属管辖区，印度土邦也纷纷臣服于英国的殖民统治。葡萄牙、荷兰、丹麦、法国殖民者逐步退出，英国的势力几乎覆盖了整个印度半岛。在莫卧儿帝国灭亡的20多年前，英国殖民当局发行的货币，就已经不再使用莫卧儿帝国皇帝的名义，也能够在印度大部分地区被广泛接受了。于是，英国殖民当局开始以英国国王威廉四世的名义发行货币。当莫卧儿帝国的末代皇帝巴哈杜尔·沙二世被俘，莫卧儿帝国灭亡时，以英国国王肖像作为英国殖民当局在印度发行货币的图案便成为定例，一直延续到印度共和国成立。

一、英国国王威廉四世的货币

公元1834年，当英国东印度公司的统治几乎遍及全印度时，加尔各答造币厂委员会便意识到统一造币的必要性，暂停了莫卧儿式货币的制造。

公元1835年，英国东印度公司发行了价值30卢比的2摩赫金币，价值 15 卢比的 1 摩赫金币，价值 10 卢比、5 卢比的金币，以及 1 卢比、1/2 卢比和 1/4 卢比的银币。这些货币正面不再刻印以莫卧儿帝国皇帝名义发行的币文，而是刻印英国国王威廉四世的头像。

威廉出生于 1765 年，是英国国王乔治三世的第三个儿子。他 13 岁参加皇家海军，23 岁逐级晋升至海军少将。29 岁时，威廉与爱尔兰喜剧女演员罗西娅·乔丹恋爱，共同生活 17 年，育有 10 个孩子。由于没有得到君王的同意，威廉的婚姻宣告无效，10 个孩子都被当作私生子。46 岁时，威廉与乔丹分手。53 岁时，迎娶了萨克森·迈宁根的公主阿德莱德为妻。55 岁时，威廉的父王乔治三世去世，大哥继位。62 岁时，二哥去世，威廉成为王位继承人。65 岁时，大哥去世，威廉继位成为英国国王。

图 9-1 英国国王威廉四世 1 卢比银币

图 9-1 为英国国王威廉四世 1 卢比银币，公元 1835 年在英国皇家造币厂生产，重量为 11.66 克，正面图案是威廉四世头像，周围币文是英文"威廉四世国王"；背面图案是交叉叶中间英文币文"1 卢比"，下方币文是波斯文"1 卢比"，周围币文是英文"东印度公司"，下方是制造年份"1835"年。

除了银币，英国东印度公司发行的货币还有铜币。铜币以"派司"（pice）为单位，4 派司铜币的价值等于 1 安那银币，64 派司铜币的价值等于 1 卢比银币。

英法殖民者称当地的派萨铜币为派司。派司铜币与派萨铜币一样，价值都是 1/64 卢比银币。

印度共和国成立后，1 派司的价值便从 1/64 卢比银币改为
1/100 卢比银币。

二、英国女王维多利亚的货币

公元 1837 年，威廉四世去世，侄女维多利亚继位。

公元 1840 年，英国在印度发行的金币和银币都以维多利亚
女王的名义发行。货币正面是维多利亚女王的头像，周围币文是
英文"维多利亚女王"；背面图案仍延续威廉四世时期的
样子。

图 9-2 为英国女王维多利
亚 1 卢比银币，公元 1862 年发
行，正面图案是维多利亚女王
头戴王冠，着刺绣衣服的半身
像，周围两个英文单词，左边
是"维多利亚"，右边是"女王"；

图 9-2　英国女王维多利亚 1 卢比银币

背面中间币文是 3 行英文"1，卢比，印度"，下方是制造年份
"1862"年。

这时，英国政府已经取代英国东印度公司，对印度直接进行
统治。但是，英国女王维多利亚还没有加冕为印度女皇。

三、英国国王爱德华七世的货币

公元 1901 年，维多利亚女王去世，她的儿子，60 岁的爱德
华继位，史称爱德华七世。

爱德华七世继承了维多利亚的英国国王和印度皇帝的职位。

图 9-3　英国国王和印度皇帝
爱德华七世 1 卢比银币

图 9-3 为英国国王和印度皇帝爱德华七世 1 卢比银币，公元 1905 年生产，正面图案是爱德华七世的光头肖像，周围币文是英文"爱德华七世，国王和皇帝"；背面图案中间币文 4 行，上 3 行是英文"1，卢比，印度"，下 1 行是波斯文"1 卢比"，再下方是制造年份"1909"年，币文两侧有莲花图案，上方是一顶王冠。

四、英国国王乔治五世的货币

公元 1910 年，69 岁的爱德华七世突然死于肺炎，他的儿子威尔士亲王乔治继位，史称乔治五世。公元 1911 年，乔治五世加冕为印度皇帝，并于当年发行了货币。

图 9-4　英国国王和印度皇帝
乔治五世 1 卢比银币

图 9-4 为英国国王和印度皇帝乔治五世 1 卢比银币，公元 1911 年生产，正面图案是乔治五世头戴王冠肖像，周围币文是英文"乔治五世，国王和皇帝"；背面中间圆框内有 5 行币文，上 3 行是英文"1，卢比，印度"，下方是制造年份"1911"年，最下方是波斯文"1 卢比"，框外图案是莲花。

乔治五世在位期间发生了一件大事，就是英国的汉诺威王朝改为温莎王朝。

公元 1714 年，英国女王安妮去世，斯图亚特王朝结束。

由于斯图亚特王朝（公元 1603~1714 年）最后三位君主均无子嗣成活至成年，斯图亚特家族的一位公主嫁到了德国汉诺威，她的后裔因此拥有了英国王位继承权。

安妮女王去世后，根据《1701 嗣位法》，由乔治·路易继承英国王位，史称乔治一世。自此，斯图亚特王室男嗣对英国的统治正式终结，改由斯图亚特家族女儿后裔的汉诺威王朝统治。

乔治五世在位期间，第一次世界大战爆发，英国与德国成为敌对国。公元 1917 年，英国反德情绪高涨，英国王室不宜继续使用德国姓氏。乔治五世颁布御令，宣布将英国王室姓氏改为温莎。温莎的名字来源于温莎堡，温莎堡是英国最古老的王宫之一。

第三节
印度共和国的建立

公元 20 世纪，印度民族解放运动风起云涌。英国认识到在印度的殖民统治成本过高，不如经济掠夺更为划算，就将国家权力交给印度自治。印度共和国的建立，废黜了土邦封建割据制度，为印度货币的全国统一发行奠定了基础。

一、独立运动的领导人甘地

公元 1914 年，第一次世界大战爆发，英国强迫印度参战。

英国要求印度无偿提供人力、物力、财力支持战争，引起了印度人民的强烈不满。

公元1919年，英国殖民统治与印度人民的矛盾日益尖锐。英印当局公布了《罗拉特法》，或称"平时戒严法"，用以镇压印度民族解放运动，激起了印度人民更大规模的反抗。

公元1920年，甘地正式提出不合作运动。在公众的眼里，甘地的形象是个剃着光头、上身赤裸、携带木制纺纱机，一有空闲就纺纱的男人。甘地是印度教徒，不杀生。所以，他的不合作运动的原则是"非暴力"，为了争取民族独立，对英国殖民统治采取不合作的方式。

首先，甘地提倡抵制英国商品，不用英国织布，提倡印度人自己纺纱织布。公元1924年，甘地当选国大党主席。公元1930年，甘地开展第二次不合作运动，反抗英国殖民当局颁布的《食盐专营法》。甘地带领民众到海边煮盐，被英国殖民当局抓捕入狱。

公元1942年，甘地在国大党大会上正式提出了"英国退出印度"的主张，发动了一场更大规模的不合作运动，被英国殖民当局再次抓捕入狱。

公元1948年，甘地遇刺身亡。甘地是广大印度人民心中的精神领袖，是圣雄（伟大的灵魂），因而被称为"圣雄·甘地"。

二、第一任印度总理尼赫鲁

尼赫鲁出身于一个婆罗门贵族家庭，其祖父曾在莫卧儿帝国担任官员。少年时期，尼赫鲁曾去英国留学，回国后担任律师，并参加了国大党。

公元 1921 年，在不合作运动中，尼赫鲁被捕入狱。公元 1926 年，尼赫鲁再次前往欧洲游历，并且去了苏联。

公元 1927 年，尼赫鲁回国后极力推动国大党成为一个更激进的反帝政党，并成为印度民族独立的激进派代表人物。公元 1942 年，在"英国退出印度"运动中，尼赫鲁第 9 次被捕入狱。

公元 1946 年，英国初步移交政权，建立印度临时政府，英印总督任总理，尼赫鲁任副总理。

公元 1947 年 8 月 15 日，印度作为自治领，选举尼赫鲁为总理。公元 1950 年 1 月 26 日，印度共和国成立，尼赫鲁成为印度共和国的第一任总理。

三、提议印巴分治的蒙巴顿

第二次世界大战后，公元 1946 年，孟买两万名水兵发动起义，被英国殖民当局镇压。但是，英国殖民当局认识到，采取镇压方式统治印度的成本过高，不如采用经济剥削的方式收获更大。于是，英国首相艾德礼宣布，英国准备接受印度独立的要求。

公元 1947 年，英国派盟军东南亚战区最高统帅蒙巴顿接任英印总督。关于印度独立的模式，蒙巴顿提出的方案是将印度按照宗教信仰分为两个国家——印度和巴基斯坦，印度教地区归属印度，伊斯兰教地区归属巴基斯坦。

印度教号召教徒从巴基斯坦迁居印度，穆斯林联盟号召穆斯林从印度迁居巴基斯坦。如此，教派冲突便引发了流血事件。

英国殖民者进入印度时，正值莫卧儿帝国统治时期，占统治地位的宗教是伊斯兰教，印度教众深受伊斯兰教的压迫。英国殖民统治取代莫卧儿帝国的统治，对于印度教众而言，只不过是换了一个统治者，自己的地位并没有发生很大的变化。然而，英国殖民统治取代莫卧儿帝国的统治，对于伊斯兰教众则有不同，他们从原来的统治阶层变为被统治阶层，自然对英国殖民统治更加不满。

公元 1947 年 6 月，蒙巴顿正式公布了印巴分治方案，并宣布当年 8 月 15 日作为移交政权的日期。英国议会很快就批准了这个方案。

按照蒙巴顿的印巴分治方案，印度被分为印度联邦和巴基斯坦两个自治领地，分别建立自己的政府。

四、废黜各地封建王国割据制度

自古以来，印度半岛长期实行各地封建王国割据制度，各个封建王国有世袭君主，在王国中实施封建落后的统治，严重地阻碍了印度的统一和发展。莫卧儿帝国和英属印度都没有能够废黜这种制度。

英国殖民统治时期，在印度实行"分而治之"和"省邦并存"政策，全部英属印度被分为 11 个省和大约 600 个封建王国，这些封建王国被称为"印度土邦"。

印度共和国将全国土邦一律废黜，统一合并为 28 个省（邦），其中甲等邦 9 个，基本上与原来的省的范围相同；乙等邦 9 个，由原来较大的邦或几个土邦合并组成；丙等邦 10 个，由多个小的土邦合并组成。至此，印度共和国对于各地的管理，在行政关系上仍然存在许多问题。此后，经历了多次整顿和调整，中央和地方的行政关系才得以协调。

废黜各地封建王国割据制度，印度共和国的货币才具备了统一制造、统一发行的基础。

第四节
印度共和国发行的货币

公元 1950 年，印度共和国首次发行货币。印度共和国货币主要是卢比银币和派司铜币。

一、印度共和国发行的卢比银币

印度共和国成立初期，新货币在价值、重量、金属方面都沿袭了过去货币的规制，只是在图案上取消了英国殖民统治的印迹。

图 9-5 为印度共和国 1 卢比银币，公元 1954 年生产，正面图案是公元前 3 世纪孔雀王朝阿育王在鹿野苑建立的四狮柱头，这个图案象征着非暴力与和平，是印度共和国国徽的图案，周围币文是英文"印度政府"；背面中

图 9-5 印度共和国 1 卢比银币

间是货币面额，两侧是麦穗，下方是英文"卢比"，再下方是制造年份"1954"年。

卢比银币的分币有 1/2 卢比、1/4 卢比，还有 2 安那、1 安那、1/2 安那等。1 卢比等于 16 安那。所以，卢比银币的分币序列是 1/2、1/4、1/8、1/16、1/32。

除了卢比银币，印度共和国还发行了铜币。铜币是银币的辅币，代表一定数量银币的价值行使货币职能。

🐉 二、铜币名称派司改回派萨

莫卧儿帝国后期，达姆铜币消失了，取代它的是派萨铜币。

派萨铜币不同于达姆铜币。达姆铜币的价值是 1/40 卢比银币，派萨铜币的价值则是 1/64 卢比银币。

从莫卧儿帝国初期到莫卧儿帝国后期，派萨铜币的重量发生了逐步的下降。

公元 17 世纪下半叶，西瓦吉土王发行的派萨铜币，重量为 14~15 克。

公元 18 世纪下半叶，迈索尔土王发行的派萨铜币，重量为 12.18 克。

公元 19 世纪下半叶，锡金国王发行的派萨铜币，重量为 4~6 克。

由此可见，莫卧儿帝国时期，铜币作为银币的辅币，发生着逐步减重的变化，具有十分明显的信用化趋势。

英国殖民者称派萨铜币为派司（pice），法国殖民者称派萨铜币为比希（biche）。

英属印度时期，印度成为英国的"印度帝国"，派萨铜币被称为"派司"，这种情形一直延续到印度共和国成立才结束。

公元 1950 年，印度共和国开始发行货币，1 卢比银币的价值等于 64 派司。公元 1957 年，印度共和国改革币制，1 卢比银币的价值等于 100 派萨。从此，印度共和国将英国殖民统治者关于铜币的称谓"派司"改回到印度本土的称谓"派萨"。新的货币"派萨"被称为"纳亚派萨",即新派司。

在新的币制下,卢比保留原有价值,不再分为64派司,而是分为100个称为"派萨"的货币单位,"派萨"成为印度货币的主要单位。过渡期间,当新旧货币同时流通时,新的货币"派萨"被称为"纳亚派萨",即新派司,以便与旧派司区分开来。[①]

三、印度共和国发行货币的成色

印度共和国初期制造的新货币,沿袭了英属印度时期的金属成色。卢比银币的成色,早在英属印度期间就已经出现了大幅度的下降。

第一次世界大战期间(公元1914~1918年),白银严重短缺,为了节约白银,英国政府以1卢比和2.5卢比的面额发行了纸币,而小面额的银币,则改为铜镍合金。同时,英国政府发行了少量的白银卢比,与卢比纸币并行流通,用以支持卢比的购买力。

公元1938年,英国政府发行1安那铜镍合金币和1/4安那铜币。公元1940年,英国政府发行了含银50%的卢比银币。

公元1950年,印度共和国开始发行货币,面额有1卢比、1/2卢比、1/4卢比、2安那、1安那、1/2安那、1派司。其中,前3种卢比,并不是白银制造,而是用镍金属制造;中间3种安那货币,也不是白银制造,而是采用了铜镍合金;最后一种是派司,依旧

---

① ［印］帕尔梅什瓦里·拉尔·笈多:《印度货币史》,石俊志译,法律出版社2018年版,第226页。

是铜币。此时，1卢比价值64派司。

公元1957年，印度共和国开始引入十进制，确定了新的货币制度。卢比保留原有价值，不再分为64派司，而是分为100派萨。价值等于1/100卢比银币的派萨被称为"新派司"，以便与旧派司区分开来。

此时，纸币流通已经成为全世界的潮流。印度共和国的金属货币已经开始向纸币转变，金属货币的成色越来越不被人们关注，特别是作为辅币的派萨，使用金属也不再关注其金属价值，而是更多地关注其耐用属性和美观属性。

四、称量货币转为数量货币

自公元1707年奥朗则布去世，莫卧儿帝国走向分裂。由于各个独立王国、印度土邦和欧洲各国殖民者各自造币，缺乏国家统一造币的信用条件，印度的卢比银币只能依靠币材金属价值发挥货币职能。这种情形类似于中国清朝的各种银元：外国银元、民间银元、政府制造银元，与各种银锭、银铤、元宝、碎银并行，属于银两货币制度。莫卧儿帝国的卢比银币，具有一定程度的金属称量货币性质。

因此，直到莫卧儿帝国灭亡，英属印度时期，卢比银币一直保持着理论重量为11.53克的制造标准，在一定程度上依靠币材金属价值发挥了货币职能。

英属印度时期，英国统治者在英属印度地区实现了货币的统一制造，并且对印度土邦的造币也有一定的影响力，所以有能力减少造币的用银量。然而，英国殖民统治者并没有降低卢比银币的重量标准，而是减少了卢比银币的白银成色，使卢比银币逐步变为镍币或铜镍合金币。这时候，卢比银币的称量货币性质变得越来越少，数量货币性质变得越来越多。或者说，卢比银币的金属货币性质变得越来越少，信用货币性质变得越来越多。

公元 1950 年，印度共和国成立，开始发行全国统一的货币。于是，印度卢比可以不再依靠币材金属价值发挥货币职能，而是依靠政府信用和法律支持发挥货币职能。结果，卢比银币出现了迅速减重的情形。

印度共和国成立初期，新货币沿袭了过去的重量标准，即 1 卢比银币的理论重量为 11.53 克。大约 20 年之后，公元 1969 年，为了纪念圣雄·甘地而发行的 10 卢比银币，重量只有 15 克，平均 1 卢比的重量只有 1.5 克，远远低于卢比银币最初的理论重量 11.53 克。

公元 1974 年，印度共和国发行了 50 卢比的银币，由 50% 白银、40% 铜、5% 镍等金属合成，重量为 35 克，平均 1 卢比的金属重量只有 0.7 克，完全脱离了原来的金属货币的名义价值，金属称量货币的性质基本消失，转变为完整意义上的数量货币。

此后，这个流通了 400 多年的卢比银币便逐渐消失在纸币流行的大潮之中。

附　录

附录一 年表、历代帝王表

一、察合台汗国年表

序位	名字	在位时间
1	察合台	公元 1222~1241 年
2	哈剌旭烈	公元 1241~1246 年
3	也速蒙哥	公元 1246~1251 年
4	兀鲁忽乃	公元 1251~1260 年
5	阿鲁忽	公元 1260~1266 年
6	木儿剌沙	公元 1266 年
7	八剌	公元 1266~1271 年
8	聂古伯	公元 1271 年
9	秃里帖木儿	公元 1271~1272 年
10	都哇	公元 1272~1306 年
11	宽阇	公元 1306~1308 年
12	塔里忽	公元 1308~1309 年
13	也先不花	公元 1309~1320 年

序位	名字	在位时间
14	怯别	公元 1320~1326 年
15	燕只吉台	公元 1326~1329 年
16	都来帖木儿	公元 1329~1330 年
17	答儿麻失里	公元 1330~1334 年
18	不赞	公元 1334~1335 年
19	敞失	公元 1335~1338 年
20	也孙帖木儿	公元 1338~1342 年
21	阿里算端	公元 1342 年
22	麻哈没的	公元 1342~1343 年
23	合赞算端	公元 1343~1346 年

二、西察合台汗国年表

序位	名字	在位时间
1	答失蛮察	公元 1346~1348 年
2	拜延忽里	公元 1348~1358 年
3	铁穆耳沙	公元 1358 年
4	阿的勒算端	公元 1363 年
5	合不勒沙	公元 1363~1370 年
6	昔兀儿海迷失	公元 1370~1384 年
7	麻哈没的算端	公元 1384~1402 年

三、莫卧儿帝国年表

序号	帝王	在位时间
六大皇帝		181 年
1	巴布尔	公元 1526~1530 年
2	胡马雍	公元 1530~1556 年
3	阿克巴	公元 1556~1605 年
4	贾汗·吉尔	公元 1605~1627 年
5	沙·贾汗	公元 1627~1658 年
6	奥朗则布	公元 1658~1707 年
后期皇帝		150 年
7	巴哈杜尔·沙	公元 1707~1712 年
8	贾汗达尔·沙	公元 1712~1713 年
9	法鲁赫·西亚尔	公元 1713~1719 年
10	拉菲·乌德·达拉贾特	公元 1719 年
11	拉菲·乌德·道拉	公元 1719 年
12	穆罕默德·沙	公元 1719~1748 年
13	艾哈迈德·沙	公元 1748~1754 年
14	阿拉姆吉尔二世	公元 1754~1759 年
15	沙·阿拉姆二世	公元 1759~1806 年
16	阿克巴二世	公元 1806~1837 年
17	巴哈杜尔·沙二世	公元 1837~1857 年
总	17 帝	331 年

四、帖木儿帝国历代帝王表（公元 1370~1507 年）

序号	帝王
1	帖木儿
2	皮尔·穆罕默德·伊本·贾汗吉尔
3	哈里勒·苏丹
4	沙哈鲁·米尔扎
5	兀鲁伯
6	阿卜杜勒·拉提夫·米尔扎
7	阿卜杜拉·米尔扎
8	苏丹·穆罕默德·本·拜松库尔
9	阿布尔卡西姆·巴布尔·米尔扎
10	苏丹·艾哈迈德·米尔扎
11	苏丹·马赫穆德·米尔扎
12	米尔扎·沙赫·马赫穆德
13	易布拉欣·米尔扎·本·阿拉道拉
14	阿布·赛义德·米尔扎
15	苏丹·侯赛因·米尔扎·拜卡拉
16	亚德加尔·穆罕默德·米尔扎
17	巴迪·扎曼·米尔扎

附录二　专业词汇

中文	外文	说明
索利多	solidus	拜占庭金币，4.54 克
第纳尔	dinar	阿拉伯金币，4.24 克。继承萨珊王朝第纳尔金币（8.175 克）
卡拉	carat	重量单位
狄尔汗	dirham	阿拉伯银币，2.97 克
米思考	mithcal	重量单位，4.24 克
吉塔尔	jital	瘤牛图案银币，理论重量为 3.426 克
坦卡	tanka	纯银币，11 克
卡尼	kani	坦卡的辅币，价值 1/48 坦卡
沙鲁克希	shahrukhi	帖木儿帝国银币，理论重量为 4.67 克
怯别币	kebek	怯别第纳尔，理论重量为 9.6 克。怯别狄尔汗，理论重量为 1.6 克
卢比	rupee	苏尔王朝银币，理论重量为 11.53 克
摩赫	mohur	莫卧儿帝国金币，11 克
拉蒂	ratti	印度最小重量单位，0.107 克
苏瓦纳	suvarna	印度重量单位，13.705 克
达哈拉	dharana	印度重量单位，3.426 克
斯塔特	stater	吕底亚王国货币单位
弗鲁斯	fulus	帖木儿帝国铜币单位

中文	外文	说明
达姆	dam	莫卧儿帝国铜币单位，20.93 克
基泰	jital	莫卧儿帝国记账单位，1/25 达姆
萨斯奴	sasnu	克什米尔王国银币
克沙拉	kesarah	克什米尔王国铜币
帕戈达	pageda	印度南部的塔币（金币），理论重量为 3.426 克
克鲁扎多	cruzado	葡萄牙十字架金币
里亚尔	riyal	葡萄牙银币
雷阿尔	real	葡萄牙铜币，又被译作里亚尔
雷斯	reis	雷阿尔的复数形式
葡萄牙兹	portugues	葡萄牙金币，价值 10 克鲁扎多
谢拉菲尔姆	xerafirm	葡萄牙在印度发行的银币
法兰	fanam	印度南部金币单位，理论重量为 0.428 克
卡希	rasi	荷兰人在印度发行的铜币，又被称为 "cash"，理论重量为 11 克
杜伊特	duit	荷兰铜币
斯图弗	stuiver	荷兰银币
达尔德	daalder	
斯基令	schilling	丹麦银币，价值 12 芬尼
达勒	daler	丹麦币
卡斯	kas	丹麦铅币
法诺	fano	同法兰，理论重量为 0.428 克
罗耶林纳	royliner	同法诺，理论重量为 0.428 克
德涅尔	denier	法兰克王国银币，源自狄纳里

中文	外文	说明
埃居	ecu	法国金币
生丁	sentime	法国小额辅币
派萨	paisa	印度铜币，价值 1/64 卢比，初期理论重量为 13.08 克
比希	biche	法属印度铜币，相当于派萨
派司	pice	英属印度铜币，相当于派萨
杜杜	doudo	法属印度铜币，价值 1 安那银币
安那	anna	价值 1/16 卢比的银币
科里	koli	库奇土邦的银币

参考文献

［1］李铁生：《印度币》，北京出版社 2011 年版。

［2］李铁生：《古中亚币》，北京出版社 2008 年版。

［3］尚劝余：《莫卧儿帝国》，中国国际广播出版社 2014 年版。

［4］汪乐兴：《印度简史》，北京工业大学出版社 2017 年版。

［5］石俊志：《世界货币史·古代卷》，当代中国出版社 2023 年版。

［6］陈恭禄：《印度通史》，中国工人出版社 2018 年版。

［7］林太：《印度通史》，上海社会科学院出版社 2007 年版。

［8］石俊志：《世界古代货币词汇》，经济管理出版社 2022 年版。

［9］［古突尼斯］伊本·赫勒敦：《历史绪论》，李振中译，黄河出版传媒集团 2015 年版。

［10］［古印度］乔底利耶：《利论》，朱成明译，商务印书馆 2021 年版。

［11］［古印度］巴布尔：《巴布尔回忆录》，王治来译，商务印书馆 2018 年版。

［12］［印］帕尔梅什瓦里·拉尔·笈多：《印度货币史》，石俊志译，法律出版社 2018 年版。

［13］［印］斯迪芬·麦勒迪斯·爱德华兹、赫伯特·利奥纳德·奥富雷·加勒特：《莫卧儿帝国》，尚劝余译，青海人民出版社 2009 年版。

［14］［法］布哇：《帖木儿帝国》，冯承钧译，中国国际广播出版社 2013 年版。

［15］［英］罗伯特·泰伊：《世界古代货币与重量标准》，徐丽丽译，中国金融出版社 2023 年版。

［16］［英］H.G. 基恩：《莫卧儿帝国》，赵秀兰译，华文出版社 2019 年版。

［17］［英］凯瑟琳·伊格尔顿、乔纳森·威廉姆斯：《钱的历史》，徐剑译，全国百佳出版社 2011 年版。

［18］［英］威廉·阿瑟·肖：《货币大历史》，张杰译，华文出版社 2020 年版。

［19］［英］约翰·F. 乔恩：《货币史》，李广乾译，商务印书馆 2002 年版。

［20］［德］伯纳德·克鲁特：《世界钱币》，杜涵译，中国友谊出版公司 2021 年版。

［21］［塔吉克斯坦］M.S. 阿西莫夫：《中亚文明史（第四卷）》，华涛译，中国对外翻译有限公司 2010 年版。